魚を味わう

魚屋さんが教える魚の魅力と美味しい食べ方

鮮魚卸（株）寿商店二代目／
魚屋の森さん
森　朝奈

マイナビ

はじめに

幼いころから魚とともに育ち、今も魚に魅了され続けているため、「もっと魚好きを増やしたい」という気持ちが私の中で一番にあります。

いつも仕事をするとき、〝どうやったら魚に興味をもってもらえるかな?〟を考えています。

もともとYouTubeを始めたのは、「処理の手間がかかる」、「コスパが悪い」という理由でお魚を食べる機会が年々減っていってしまう……。衰退の影を見せる日本の魚食文化をつなぐために魚屋としてできることは何かないだろうか。という想いからでした。

「家で食べるなら、こうやったらかんたんだし、うまいよ」

「この時期のこの魚は、脂あるでいっぺん刺身で食べてみ! たまらんよ!」

昔、スーパーの魚屋の売り場で、父や母が、お客様に「魚の魅力」を伝えるために嬉々として声をかけていた姿。魚を食べる食べないの選択って、私は、アレがすべてだと思っています。

食べ方の提案、旬や処理・保存について知識を持ってもらうこと、なにより、魚に興味をもってもらうこと、それが魚の消費につながると心から信じています。

今は時代に合わせて、街のお魚屋さんは減ってしまった一方、ＳＮＳやネットなどを通じて、同じことをより広い範囲へ発信できる世の中。昔の父の魚屋での姿を思い浮かべながら、この本の制作に向き合わせてもらいました。

この本が少しでも、みなさんのお魚ライフに役立ち、ひとりでも多くの魚好きが未来に増えたら、とても嬉しいです。

森 朝奈

Contents

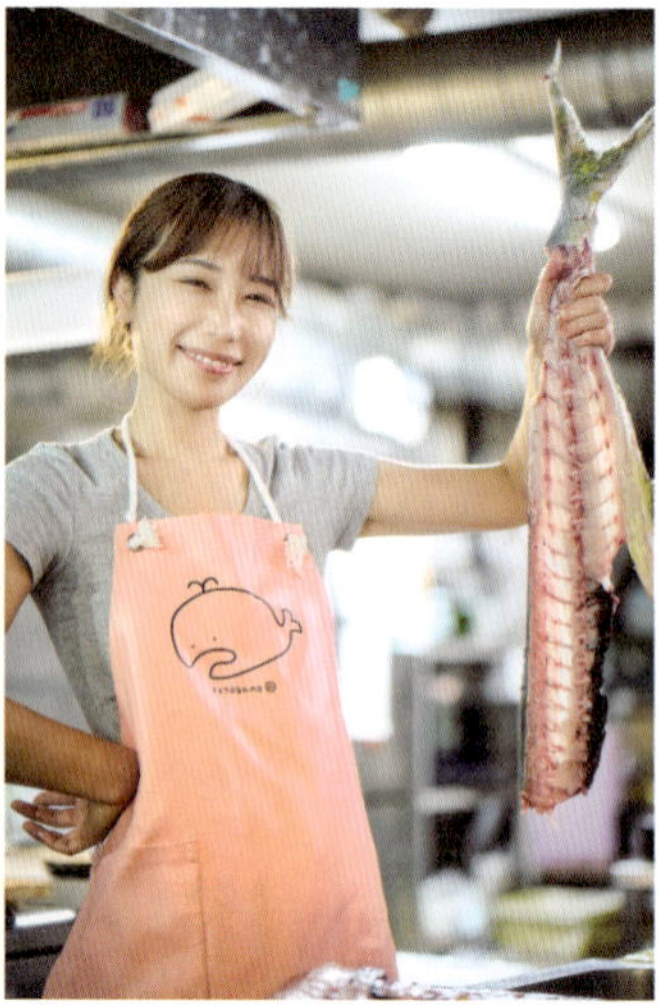

第1章 おいしい魚とは？ 知っておきたい魚のキホン

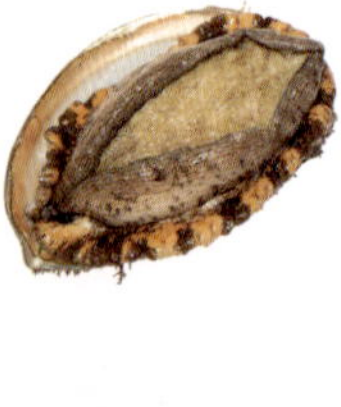

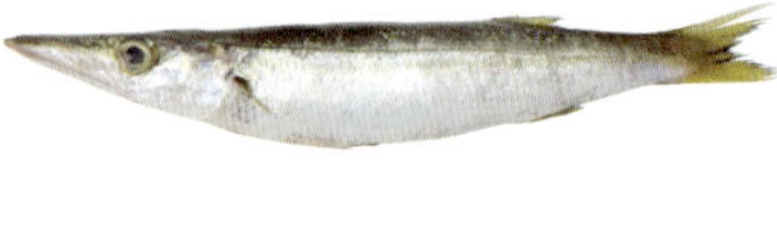

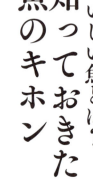

第2章
魚屋さんおすすめ！ おいしい魚と味わい方

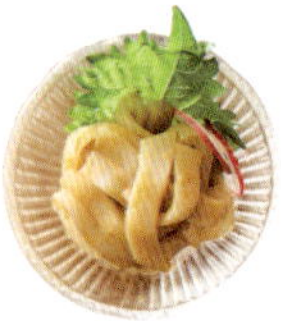

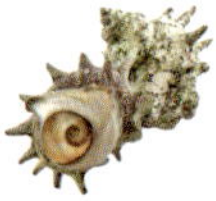

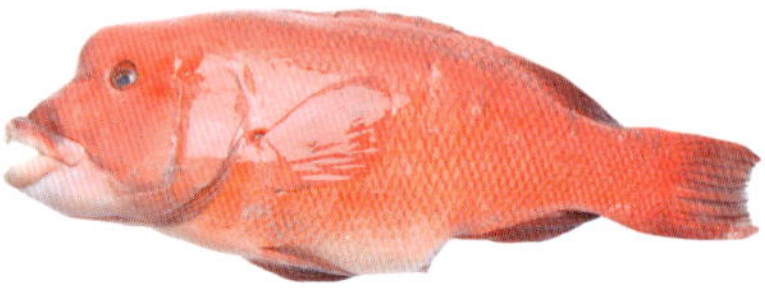

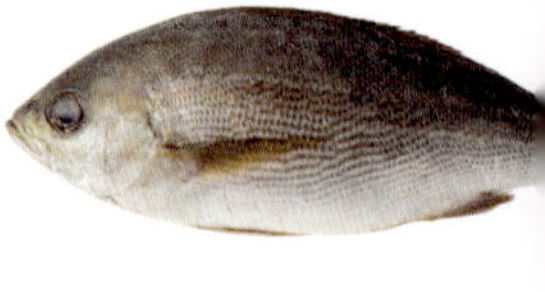

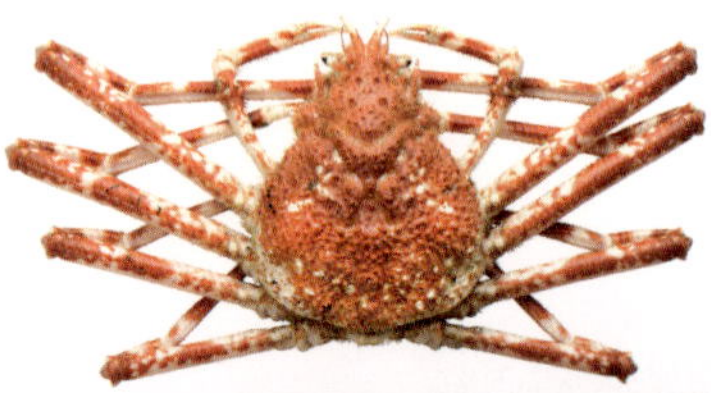

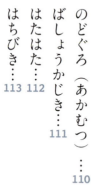

第3章

一度は食べてみたい！ 珍しい魚と味わい方

【参考文献】

『共感ベース思考』（KADOKAWA）
『イチバン親切な魚料理の教科書』（監修・新星出版社）
『洋泉社MOOK　旨い魚』（洋泉社）
『からだにおいしい　魚の便利帳』（高橋書店）

※本書の情報はすべて2024年10月現在のものです。
※本書はYouTubeチャンネル「魚屋の森さん」の動画の一部を参考に制作しています。
※料理の材料の作り方に表示している小さじ1は5ml、大さじ1は15mlです。
野菜は皮をむく、種をとるなどの下処理は済ませてからの手順です。
50ページからの料理のレシピはあくまで参考です。

YouTubeチャンネル

魚屋の森さん

https://www.youtube.com/@sakanayanomori

名古屋で鮮魚卸業を約40年営む「株式会社寿商店」の“森さん”が、
日々出会う魚について特徴や目利き、おいしい食べ方などを紹介しているチャンネル。
魚屋だからこそ入手できる希少な魚や、さばくときのコツなどを知ることができます。

- タイトルのQRコードを読み取ると、該当のYouTubeページへ飛ぶようになっています。YouTubeのタイトルと本のタイトルはわかりやすくするため異なっています。
- 動画と掲載した内容は異なることがあります。
- 動画は2024年10月現時点でのURLを記載しております。今後、非公開になる可能性もございますのでご了承ください。

今日は
なんの日かな？

魚は知れば知るほど楽しい！

魚屋には毎日さまざまな魚がやってきます。なじみの魚、個性的な魚、今日はどんな魚に出会えるのかワクワク。

旬を迎えた、鮮度がよくて安い魚がたくさん手に入ったとき、どんな料理にしていただこうか……。幸せな悩みです。

そして、魚の本当のおいしさがわかるようになってきます

憧れていたあんこうの吊るし切りに挑戦。魚によって異なるさばき方を知るのも楽しみのひとつです。

ときには魚を自分でさばいてみましょう より一層おいしく感じられるようになります

魚をさばくのって、実はそんなに難しいことではありません。基本的な動作を覚えてしまえば、さまざまな魚に対応することができます。

同じ魚でも、味つけや調理を変えることでさまざまな発見があります。料理のレパートリーが増えるのは楽しい！

わかさぎの氷上釣りを体験しました。自分で釣った魚は愛着がわき、「おいしく料理したい」気持ちが高まります。

まぐろを解体することがあります。大型の魚をさばくのは力がいりますが、やりがいもあります。なにより、おいしい！

生け簀からかにをあげているところ。生きた命をいただく、その大切さも感じています。

これからもどんどん 魚の魅力やおいしさを みなさんに伝えていきます

魚屋をのぞいてみると、素敵な出会いがあるかも

食卓の定番の魚というと、あじやさけ、かつおなどでしょうか。スーパーで気軽に買える魚ももちろんおいしいですが、魚の種類はとても豊富。獲れる季節や地域が限られるものがあるので、なかなか出会えないと思われているかもしれませんが、あなたの街に魚屋さんがあったら、ぜひのぞいてみてほしいのです。魚屋では見慣れない魚に出会えたり、そのおいしい食べ方を教えてくれます。

本書では、これまでに私が出会った魚とその食べ方を紹介しています。ぜひ、あなたの魚料理のレパートリーに加えてください。

魚と出会い、さばいて、食べる……。日常がより豊かなものになりますよ。

＼ 魚屋の森さん直伝！ ／

一度は作ってほしい魚料理

お魚さんに感謝して、大切な命をおいしくいただく。それが魚屋の願いです。
毎日の食卓にぴったりな、“魚のおいしさ”を味わえる5品をご紹介します。

ジューシーに揚がる秘密はバッター液

あじフライ

◉材料（作りやすい分量）

あじ…2～3尾
塩…適量
バッター液の材料
- 小麦粉…60g
- 卵…1個
- 水…30ml

パン粉…適量
揚げ油…適量
キャベツ…適量
レモン（輪切り）…1枚
タルタルソース（市販）…適量
ミニトマト…適量

〈 バッター液の黄金比 〉

小麦粉	卵	水
❷	❷	❶

◉作り方

1 あじは3枚におろす。（P40参照）中骨もとっておく。
2 あじの身と中骨に塩を振って約15分おき、余分な水分を出して臭みをとる。水気を拭く。
3 バッター液の材料をボウルに入れ、ざっくりと混ぜる。
4 2を入れてバッター液をつけ、パン粉をまぶす。
5 180℃の揚げ油で、皮目1～2分、裏返して2～3分揚げる。
6 器に盛り、キャベツ、レモン、タルタルソース、ミニトマトを添える。

POINT

バッター液をつけることでパン粉のつきがよくなります。衣が厚めにつくので、揚げるときにじっくり加熱でき、魚の身が縮みにくくなるので、衣がはがれにくくなります。混ぜすぎるとサクッと感がでなくなるので、ざっくり混ぜてください。

あじのふわっとした身と
衣のサクッの組み合わせが絶妙

切り身で作ってもおいしいですが
ぜひ、丸ごと煮つけに！

濃い煮汁がふんわりとした身にからむ

きんめだいの煮つけ

◉**材料**（作りやすい分量）

きんめだい…1尾
ねぎ…数本
酒…80ml（お玉1杯分）
ざらめ…小さじ1（砂糖でも可）
濃口醤油…160ml（お玉2杯分）
みりん…80ml（お玉1杯分）

※酒は料理酒ではなく、清酒を使うのがおすすめです。

◉**作り方**

1 きんめだいのうろことと内臓をとり除く。身の真ん中に三本の切り込みを入れる。
2 きんめだいの両面に熱湯（分量外）をかけ、霜降りをして臭みをとる。
3 鍋にねぎときんめだい、酒を入れて強火で沸とうさせて2分ほどしたらアクをとり除く。
4 砂糖をまわし入れて1〜2分したら醤油とみりんを加え、落し蓋をして強火で約7分煮る。

〈煮物の黄金比〉
醤油：みりん：酒
❷：❶：❶

※魚の大きさによって調味料の量が変わるので、黄金比を覚えておくと便利です。

POINT

中骨を取らずに丸ごと煮ることで、魚の出汁が出て煮汁に旨味が加わります。また、写真では三本の切り込みを入れていますが、×（バツ）に入れてもOK。煮ている間に皮がはがれるのを防げます。

甘じょっぱい味とぶりの脂が
食欲をそそる

脂がしっかりのったぶりが手に入ったらぜひ

ぶりだいこん

◉材料（作りやすい分量）

ぶり（切り身）…4切れ
塩…適量
だいこん…400g
A
　昆布…1枚
　水…500ml
　酒…200ml
ざらめ…60g（砂糖でも可）
みりん…100ml
濃口醤油…60ml
しょうが（薄切り）…2枚

◉作り方

1 ぶりは塩をふって約30分おき、臭みやぬめりをとり除く。洗って水気を拭く。
2 沸とうした湯に1を入れ、表面が白くなったらとり出す。
3 だいこんは2〜3cmの厚みに切り、角を面取りして十字の切り込みを入れる。鍋に入れて浸かる量の水（分量外）を入れて下茹でする。
4 別の鍋にAを入れて沸とうしたら昆布をとり除く。ぶりとだいこん、ざらめ、みりんを入れて落し蓋をし、約20分煮る。
5 醤油としょうがを加えてさらに約10分煮る。
6 そのまま鍋の中で冷ましたら完成。食べるときに温め直す。

POINT

だいこんは水から茹でることで、中までしっかりと火が通りやわらかく仕上がります。ぶりのアラが手に入ったら、ぜひアラを使っても。その際はしっかりと霜降りを行いましょう。完成後に一度冷ますことで、味がしっかりと染みます！

いわしがたくさん手に入ったら
まとめて作るとアレンジもききます

しっかり効いた塩味でおつまみに最適

オイルサーディン

◉材料（作りやすい分量）

いわし…10尾
サラダ油…50ml
オリーブオイル…50ml
鷹の爪…1本
塩…60g
にんにく（スライス）…2片
糸唐辛子…適量

◉作り方

1 いわしは包丁の刃先でうろこをとり、頭を落とし、腹を切って内臓をとり除く。いわしが浸るくらいの塩水（10%）に漬け込み、ラップをして約1時間おく。

2 冷水で洗い、水気を拭く。

3 別の鍋にいわし、浸る量のサラダ油とオリーブオイル、鷹の爪、塩、にんにくを入れて弱火にかけ約1時間煮る。

4 器に盛り、糸唐辛子を散らす。

POINT

焼きおにぎりにオイルサーディンをのせ、緑茶をかけてお茶漬けにするのもおすすめです。オイルサーディンは1週間程度保存できます。

手作りすると格別
新鮮ないかなら臭みもなく絶品

POINT

下処理する際にとり除くとんび（口部分）は、串に刺して塩焼きにするのもおすすめ。塩辛はお茶漬けにのせて食べると絶対おいしいです！

新鮮なするめいかで作ると最高！

いかの塩辛

◉材料（作りやすい分量）

するめいか…2〜3杯
塩…適量
青じそ…1枚
ラディッシュ（輪切り）…2枚

◉作り方

1 するめいかの下処理をする（P44参照）。肝はひとつだけ使う。
2 バットにキッチンペーパーを敷き、肝に塩を多めにまぶして冷蔵庫で約半日おく。
3 肝がややかたくなったら、冷蔵庫から出す。身は細く切る。
4 肝はまわりの皮を切り、中身をボウルに出す。好みでみりんやごま油を入れてもよい。
5 3の身を入れて混ぜ合わせる。
6 器に盛り、青じそとラディッシュを添える。

第1章

おいしい魚とは？
知っておきたい魚のキホン

魚を最もおいしく感じられる旬や、目利きのコツを知っておくと、いつもの買い物で、よりよい魚と出会うことができるようになります。また、基本的なさばき方もご紹介します。

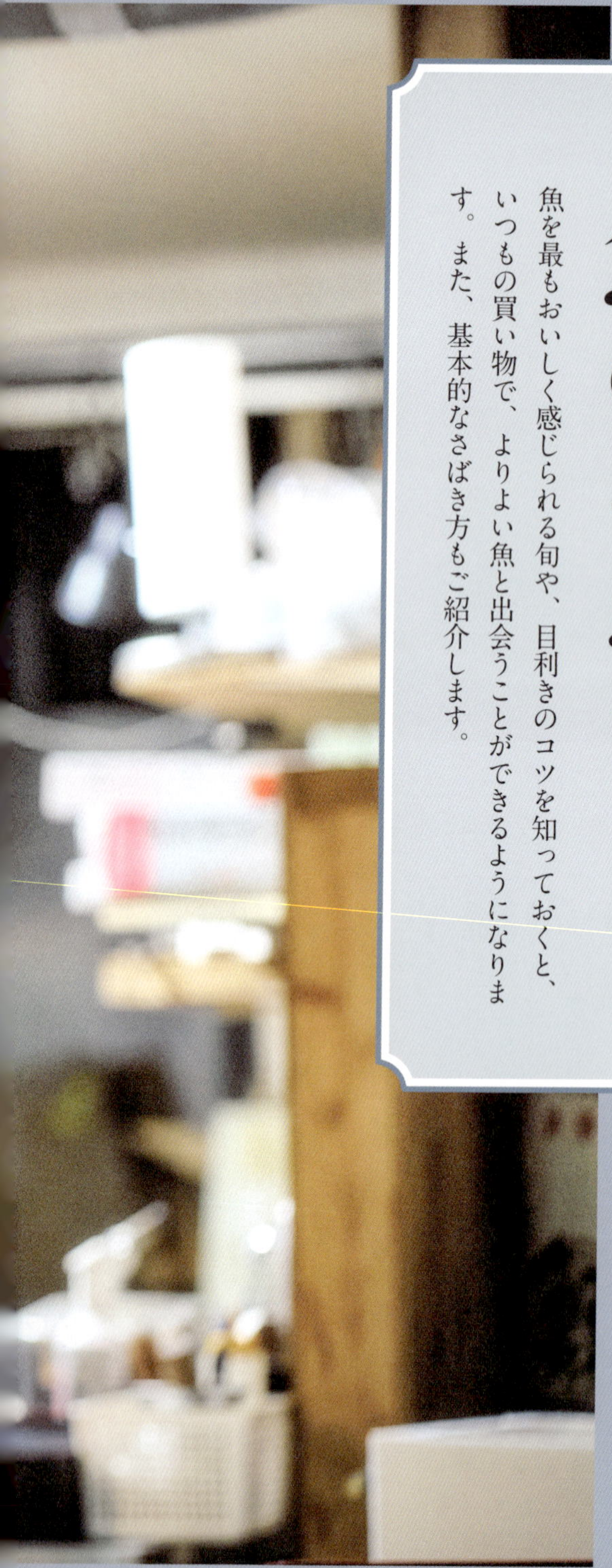

きょうはなんのひ

魚のキホン 1

魚の旬を知ろう

「さわらが出てきたから、春だなぁ」という風に、魚を通して季節を感じるのも楽しみのひとつ。

旬=食べるのに一番よい時期

おすすめの時期 1

市場に出まわる

漁獲量が上がり 安価でおいしい

魚は産卵時期が近くなると、えさがたくさんある湾内へやってきて、獲りやすくなり、漁獲量が上がります。たくさん獲れた魚は、市場に多く出まわり、お手頃な値段で新鮮な魚を購入できるようになります。

おすすめの時期 2

産卵前

栄養をしっかりと含んで 旨味アップ

産卵期前の魚は栄養分と脂肪分を蓄えるためにおいしさが増します。また、産卵期が春の魚の旬は冬となりますが、冬の海水が下がると脂肪がつきやすくなるのも、おいしさが増す要因です。

旬が2回ある魚もいます

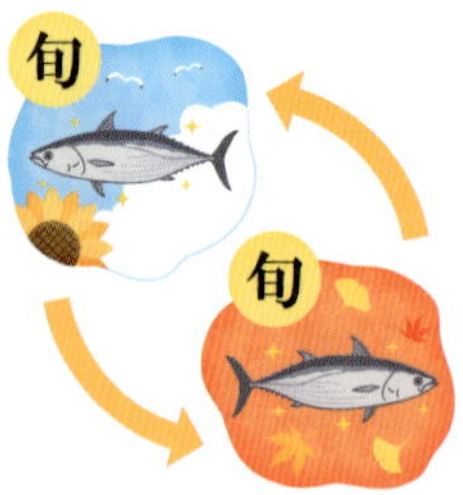

かつおやさわらなど、年に2回旬を迎える魚もあります。例えば、かつおは夏の始まりを「初がつお」、秋を「戻りがつお」と呼びますが、漁獲地が異なり、初がつおはあっさりとした身を、戻りがつおは脂肪が増えてとろりとした味わいを楽しめます。

夏の魚

- いさき
- あわび
- すずき
- あじ
- ひらまさ
- かます

夏の魚は脂ののりは少なめ。さっぱりとしたはもや、夏に脂がのるあじやあなごなどを楽しみましょう。

春の魚

- かつお（初がつお）
- かさご
- さわら
- まだい
- あいなめ
- あさり
- さより
- めばる

産卵の時期を迎えるたいや、魚へんに春（鰆）と書くさわら、春の終わりから初夏のころに初がつおなどを味わうことができます。

冬の魚

- あんこう
- ほっけ
- かれい
- たら
- きんめだい
- かに
- ぶり

海水が冷たくなる冬は、身を守るために脂肪量が増えたり身が締まっておいしさが増します。寒ぶりなど「寒」のつく魚はこの時期の楽しみ。

秋の魚

- さば
- にじます
- かわはぎ
- さんま
- このしろ
- さけ
- かつお（戻りがつお）

脂がのった青魚が多くなります。秋に旬を迎える魚は産卵のために栄養分を蓄え、旨味が増します。脂肪量の増えたさんまは秋の味覚そのもの。

魚の
キホン
2

魚の部位を知ろう

目利きのときや、魚をさばくときに、覚えておくと役に立ちます。

鮮度をみるときや
さばくときに知っておくと
魚をより理解できます！

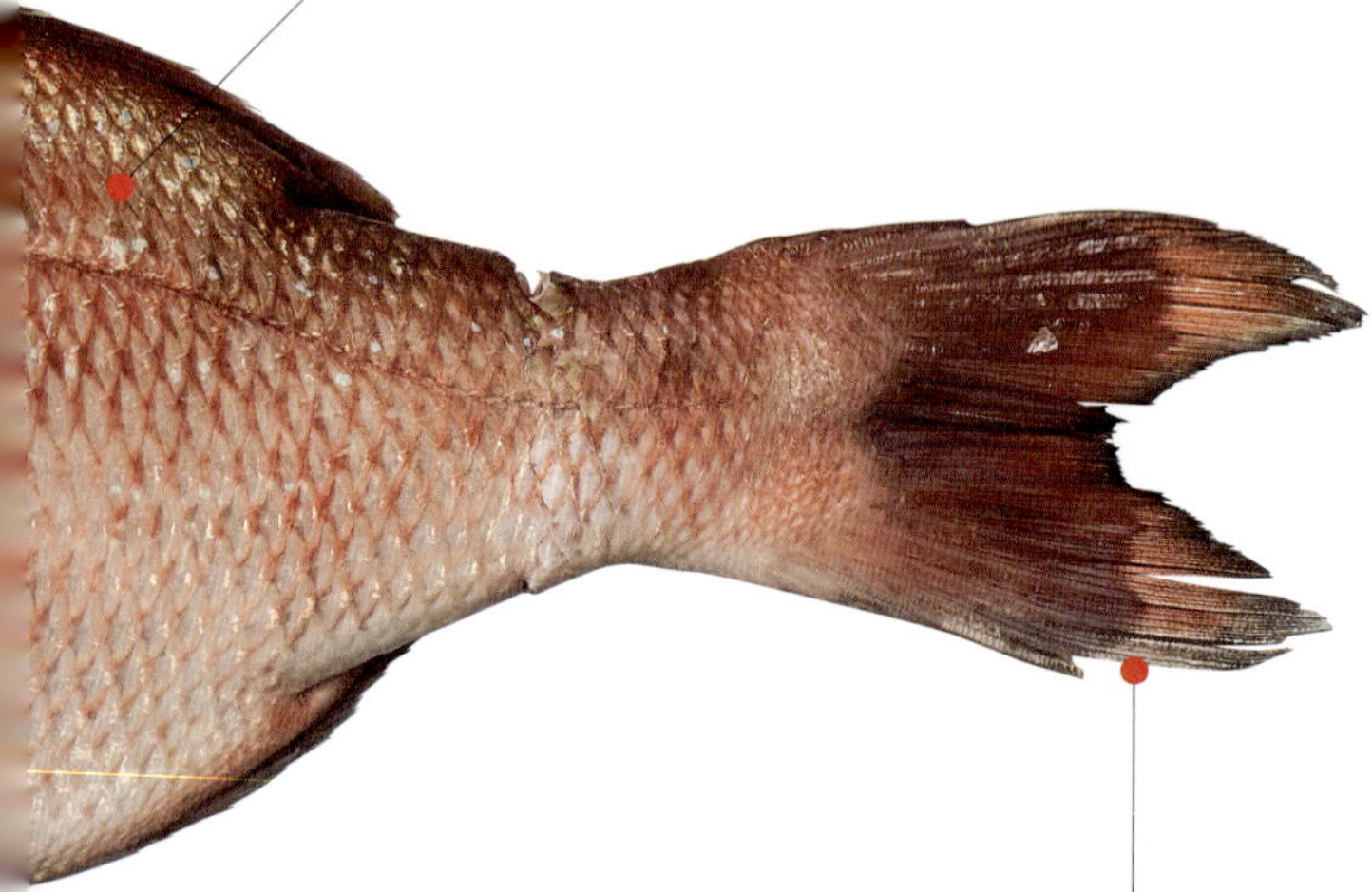

【うろこ】

鮮度がよく売り場まで丁寧に扱われた魚はうろこが残っています。

【尾びれ】

魚を丸焼きにする場合はひれに化粧塩をつけると美しい仕上がりになります。

【肛門】

□ 血合い

魚の背と腹の間に存在する赤色線維筋と呼ばれる部分。残っていると生臭くなるので調理では除くことが多いです。ただし、新鮮なものは栄養価が高いので、まぐろなどたっぷりと血合いのとれる魚は食べるのもおすすめ。煮つけのほか、ごま油&塩で生食しても！

【背】

脂が少なめで、あっさりとした味わい。刺身では、身が締まり歯ごたえがあります。

【目】

目がにごらず澄んでいる魚は鮮度がよい証拠。コラーゲンが多いので余さず食べたいところ。

【背びれ】

【口】

【えら】

鮮度のよい魚はえらが鮮やかな赤色。食すことはできないので、とり除きます。

【腹びれ】

【腹】

腹側の身は脂がのっていてやわらかい食感。とくに大型魚になるととろけるような味わいに。「ハラス」とも呼ばれます。

【かま】

えらの下から腹びれまでの脂ののった部分のことです。

【内臓】

「肝」や「ワタ」とも呼ばれ、魚種によりますが、鮮度のよいものは肝臓や胃袋、浮袋や腸、卵、精巣を食べられます。（魚によっては毒のあるものもあるので注意してください）

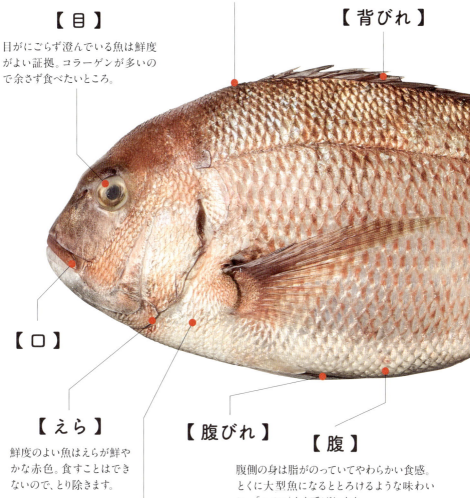

魚のキホン 3

魚と出会おう

おいしい魚を入手したい！と思うなら、どこで買うのか、どこをチェックするのかが大切です。

魚屋で買う

店の人とコミュニケーションをとりやすいのが最大のメリット。魚屋さんは基本的に魚好きが多いので、コミュニケーションは喜ばれるはず。同じ魚が並んでいても「こちらのほうが鮮度がいいですよ」、「今日はこの魚がおすすめ」など気軽にプロの目線のアドバイスをもらえます。ぜひ「なじみの魚屋さん」を見つけてみてください。

POINT_1

本当のおすすめを教えてもらえる

仕入れされる魚がその日によって違うため、店員と会話をしてうまくコミュニケーションがとれれば今日はどの魚がおいしいのか、鮮度がよいのかを教えてもらえます。また、出会ったことのない魚にトライするチャンスも！そんなときは、おすすめの調理法を教えてもらっても。

POINT_2

希少部位を買えることもある！

魚のアラや肝など、なかなか手に入らない部位を買えるチャンスがあることも。また、大きな丸魚がほしいなど、リクエストして特別に仕入れてもらうということも魚屋によってはできるかも。

行きつけの
魚屋さんができると、
魚がより身近に、
魚好きになれるよ！

スーパーで買う

身近にあるスーパーマーケットは、鮮魚コーナーに定番の魚が並び、いつもあるという安心感があります。また、加工品や惣菜も並ぶので、“お買い得”を見つける楽しみもあります。最近では、魚にこだわるスーパーも増えています。

POINT_1

「いつもと同じ」の安心感がある

あじやさけ、たらの切り身など、調理がしやすい状態にカットされた商品が並んでいたり、おなじみの魚が基本的にはあるという安心感がスーパーのメリット。

POINT_2

特売品で狙い目がわかる

店員に聞かなくても、「今日のおすすめはコレ！」というのが、わかりやすく表記されています。チラシをチェックし、売り場で鮮度のよい商品を選びましょう。

オンラインで買う

通販を利用すると、朝獲れの魚介を産地から直接送ってもらえたり、さまざまな魚をセットで購入できるなどのメリットも。加工品や冷凍などで、珍しい魚介を試してみることもできるので、積極的に活用してみましょう。

市場で買う

生産者や卸業者から、直接魚を買うことができます。日によって仕入れの状況は異なるので、珍しい魚に出会えることも。地方へ行ったときに、地元の市場へ出向くと、新鮮な地魚を手に入れられるかも。

※一般公開されている市場へ行きましょう！

魚の
キホン 4

うまい魚を見つけよう

同じ魚でも、鮮度や脂ののりは異なります。よい魚かどうか自分でわかるようになりましょう。

丸魚

1 目を見る

**澄んだ目で
ハリがあるものを**

鮮度が悪くなると全体が白くにごり、ハリがなくなるので、透明感があってハリのある目かどうかを見て選びましょう。

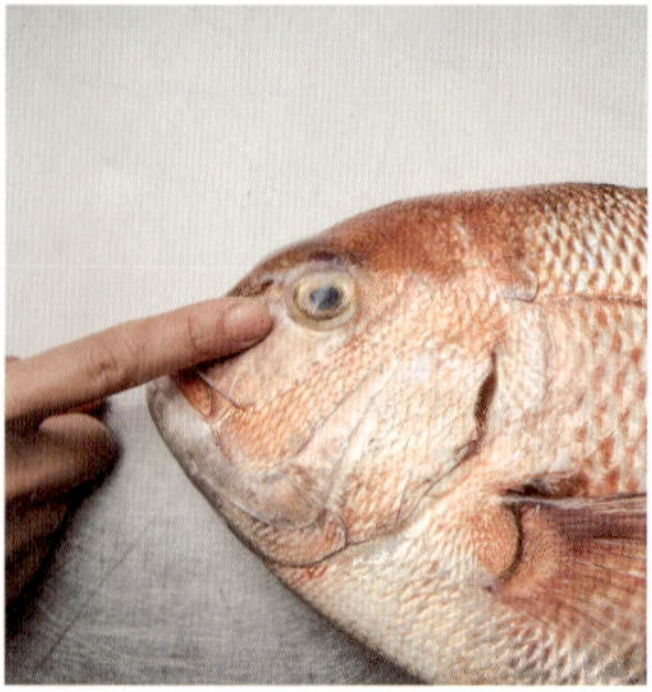

水や氷に触れて目が白くなっているということもあるので、ほかの確認方法を併せてチェックしましょう。

2 えらを見る

**鮮やかな色か
どうかを確認する**

えらぶたをめくって中を確認しましょう。えらが真っ赤なものは鮮度がよい状態。鮮度が落ちると茶色くくすんできます。

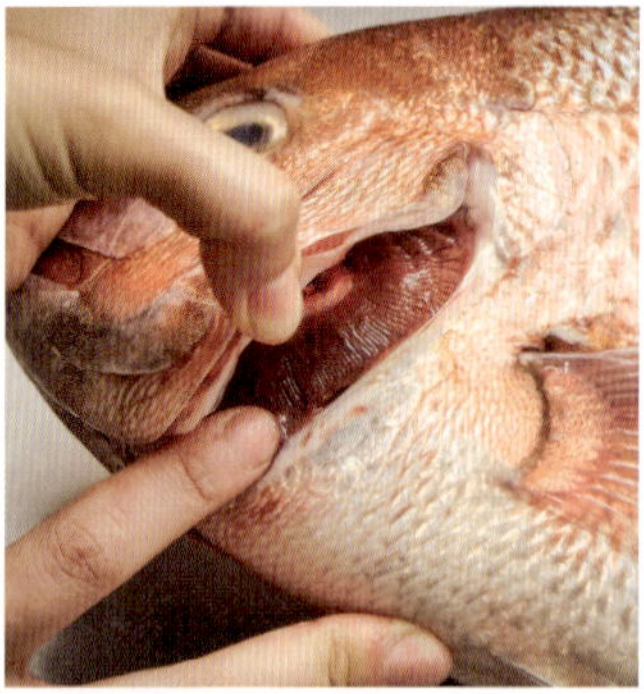

えらぶたを開くと、えらの色をひと目で確認できます。店では店員さんに声をかけて見せてもらいましょう。

□ こんな魚の場合は

さんま

くちばしの先が黄色くなっているものが新鮮です。さらに頭が小さめで全体的に丸めなものを選んで。

青魚（さば・いわし）

青魚は鮮度が落ちやすいので注意。さばは模様が鮮やかなもの、いわしは背の斑点模様がしっかりあるものを選びましょう。

ひらめ

ひらめやかれいなど、幅のある魚の場合は持ち上げたときにしなり、身に厚みがあるものを選びます。

表面のうろこがしっかり残っているものも、鮮度が高く、配送中に丁寧に扱われてきた証拠です。

3

体高を見る

身がしっかりと太っているものを選ぶ

魚全体に厚みがあって太っているかを確認しましょう。体高が高くふっくらしているお魚を選びましょう。旬のものは細い魚でもふっくらしています。

顔に対して体の大きなものは元気に育った証拠です。

切り身

1 脂のりを見る

好みに合わせて脂の状態を確認

皮の下に脂がのっているので、白っぽくなっていれば脂がのっています。さっぱりした魚を食べたい場合は、半透明な切り身を選んで。

2 血合いを見る

鮮やかな色かどうかをチェック

血合いは血液の成分を貯蔵する部位のこと。新鮮な魚なら、血合いが鮮やかな赤色。時間がたって鮮度が落ちるとくすんできます。

□ こんな場合は

刺身

刺身を選ぶ場合は、切り口に角がしっかりあるかを確認しましょう。時間がたったものは角が丸みをおびています。

まぐろ

まぐろは鮮度が落ちると赤黒く変色します。売り場の陳列棚のライトではなく、白色蛍光灯のもとで色を見て確認しましょう。ドリップ（魚から出る液体）があまり出ていないものを選ぶのもポイント。

いか

1 目を見る

目が澄んでいる新鮮なもの

魚と同様に、いかも鮮度の高いものは目に透明感があって澄んでいるのでチェックしましょう。

2 色を見る

真っ白ないかは鮮度が落ちた状態

新鮮ないかは、体の色が茶色く、時間がたつと白くなってくるので、色の状態で見極めて。また、全体的にハリのあるものを選びましょう。

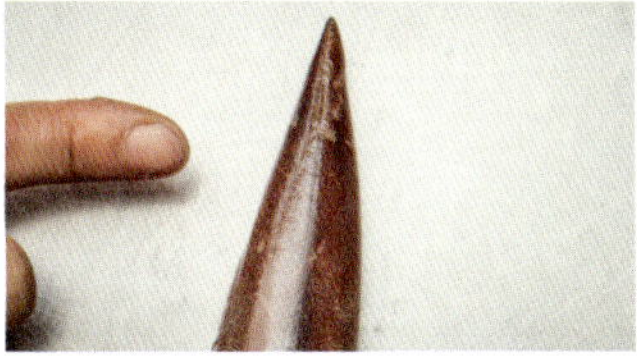

氷に触れても白くなるので、ほかの確認方法を併せてチェックしましょう。

えび

1 色を見る

色が黒くなっていないものを

鮮度が落ちたえびは「黒変」といって全体が黒くなります。スーパーではほとんどが輸入品なので冷凍物を選ぶと鮮度が保たれているでしょう。

2 頭を見る

頭がとれていないかを確認しよう

有頭海老を選ぶ場合は、頭がしっかりついているものを選ぶようにしましょう。鮮度が落ちると頭が自然ととれます。

かに

重さを見る

毛がに程度のサイズのかには、確認しやすい。

**身が詰まっているか
重さで確かめて**

身入りのよさを確認するために、持ち上げて重さを感じてみましょう。信頼できるお店で買うようにするのもポイントです。

貝

動きを見る

生きている貝は殻を軽く叩いたとき、開いたり閉じたりして動きます。お店の人に頼んでチェックしてもらいましょう。

**殻が開いたり
閉じたりするものを**

貝は生きたまま売り場に並んでいることが多いですが、中には死んだものが混ざっていることもあるので、お店の人に活きの状態をみてもらいましょう。開ききって動かないものは避けて。

□ こんな場合は

**むきがきは
形を見る**

むきがきの場合は、身がふっくらして形がきれいか、また、パックの中の水がにごっていないかを確認します。

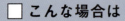

粒がやわらかくて美しいものがおいしい。

いくら

粒の大きさを見る

形がきれいかを確認する

いくらの醤油漬けは、色が輝くように美しいか、粒がつぶれていないかを確認します。いくらは熟しすぎると皮がかたくピンポン玉のようになるので、旬をすぎた年明け以降は注意しましょう。

かにやいくらなど
高価なものは
魚屋さんに選んでもらうのが
失敗しないコツです！

□ 魚の表示をチェックしよう！

品名

魚の場合、標準和名として登録されている「種名」が表記されています。加工品の場合は、魚の種類と加工法が書かれています。

産地

国産の場合は漁獲された地域、県名、漁港名が表記されます。輸入品の場合は海域名や国名が表記。

名称	赤魚ひもの
原材料名	赤魚、食塩、酸化防止剤（エリソルビン酸Na）
原料原産地	アメリカ産
内容量	1枚入
賞味期限	2024.12.2
保存方法	要冷蔵（10℃以下）

添加物

添加物は商品の質を持続させたり、向上させたりするために使われます。添加物にアレルギーの原因となる成分が使われる場合も、表記されます。

賞味期限

賞味期限または消費期限が記されています。生鮮品なら消費期限、冷凍品の場合は保存期間が長いので賞味期限が表示されることがほとんど。

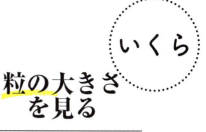

魚をさばいてみよう

「素人には難しそう……」そんなことはありません。小〜中型の魚は基本のさばき方を覚えればかんたんにできます。

自分で魚をさばけると
よりおいしく感じられる！

□ さばくときのポイント

ポイント1 包丁の動きは一方通行へ

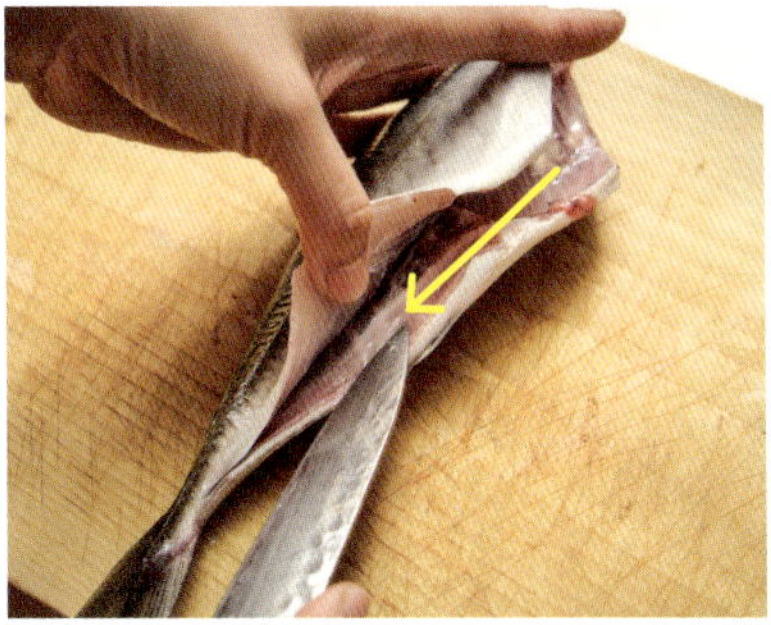

包丁を何度も押したり引いたりすると、身がぼろぼろになります。魚をさばくときは、一気に身を切ろうとせず、一方方向に数回に分けて包丁をいれていきます。

ポイント2 中骨に沿って包丁をあてる

魚の骨は真ん中に一番太い中骨があり、そこから枝分かれするように細かな骨がついています。中骨を意識して包丁をあてることで、身がきれいに骨から外せます。

ポイント3 ベタベタと触りすぎない

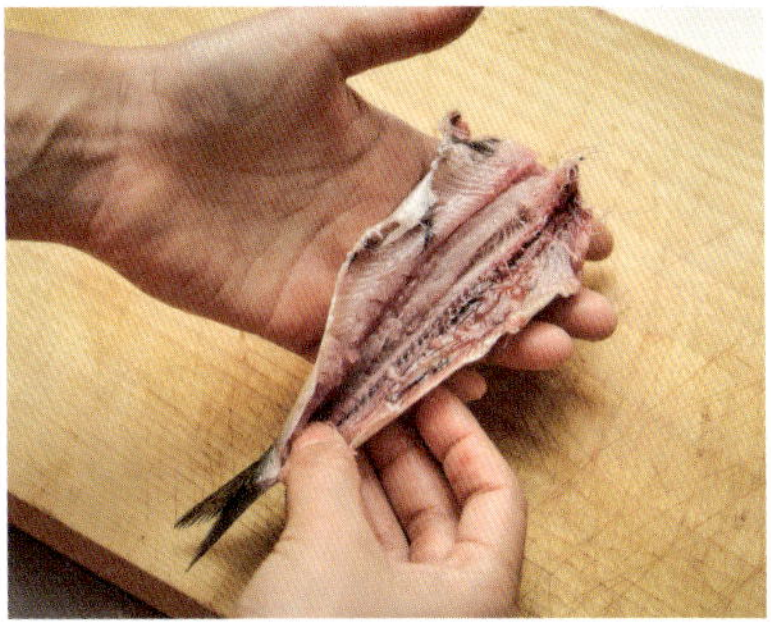

魚の脂は、手で触ると手の温度で溶けてしまい、ボロボロになってしまいます。正しいさばき方を覚えておくと、効率よく仕上げられ、身がきれいな状態を保てます。

ポイント4 まな板は魚用を使う

魚をさばくと、内臓や血がつきます。ほかの食材とは別に、魚用のまな板を用意します。魚がまな板よりも大きい場合は、まな板を2つつなげるとよいでしょう。

基本の
さばき方
1

あじの三枚おろし

最も基本的なさばき方で、上身・下身・中骨の3つに切り分けます。

1 ぜいごをとる

あじには特有のかたい「ぜいご」といううろこがあるので、包丁を寝かせてそぎとる。

2 頭をとる

頭の付け根から胸びれにかけて包丁をあてて、頭を切り落とす。

3 内臓をとる

尾を下に向けて置き、おなか～肛門にかけて切り、内臓を包丁でかき出す。

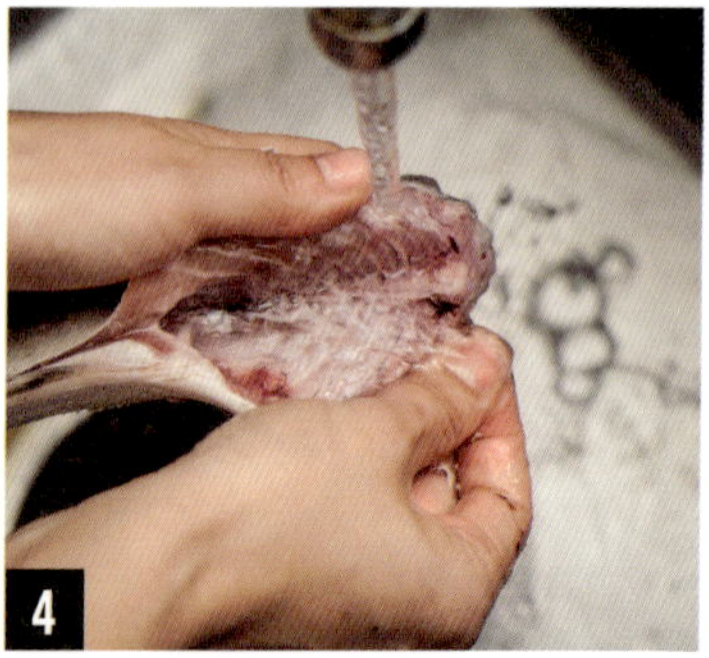

4 洗って水気をとる

骨のまわりの血合いをとりながら洗い、布巾で水気を拭く。

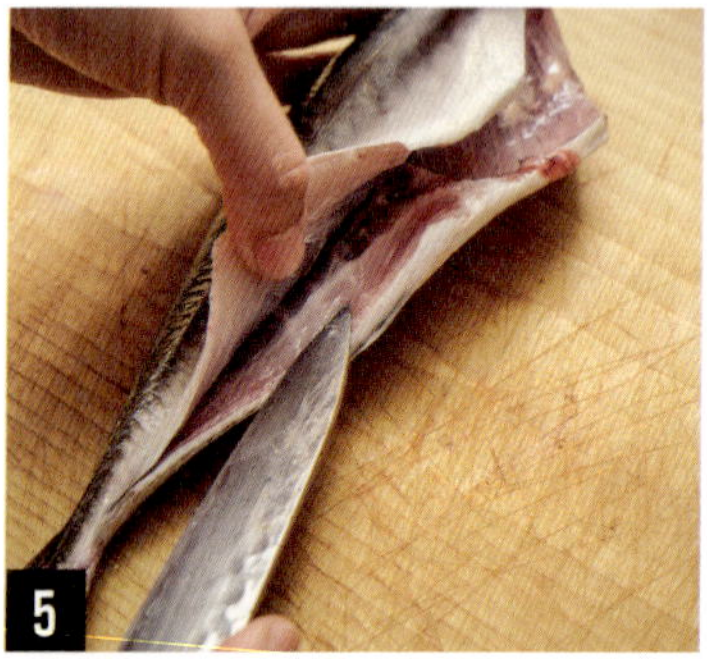

5 腹側に包丁を入れる

腹側を利き手側に向けて置き、包丁の刃先が中骨にあたるまで入れて尾まで切る。

6 背側に包丁を入れる

尾を上に向けて置き、背側から包丁の刃先が中骨にあたるまで入れて、切る。

7

上の身を切り離す

尾を利き手側に向けて置く。尾を持ちながら、尾～腹を中骨に沿って切る。尾の付け根を包丁の先で切り、身を切り離す。

8

下の身を切り離す

魚を裏返して、5～7と同様に中骨から身を切り離す。

9

三枚おろし完成！

上の身、中骨、下の身に分かれた状態。

10

皮をとる

身をおさえながら、頭側から皮をつまんでゆっくり引っ張ってはがす。

11

腹骨をとる

腹側にはかたい骨がついているので、包丁で薄くそぎとる。真ん中の骨は骨抜きで引き抜く。

＼さばき方は動画でも／
＼チェックできます！／

基本のさばき方
2

いわしの手開き

身のやわらかいいわしは手で開くことができます。手の温度で身が温まらないように手早く行いましょう。

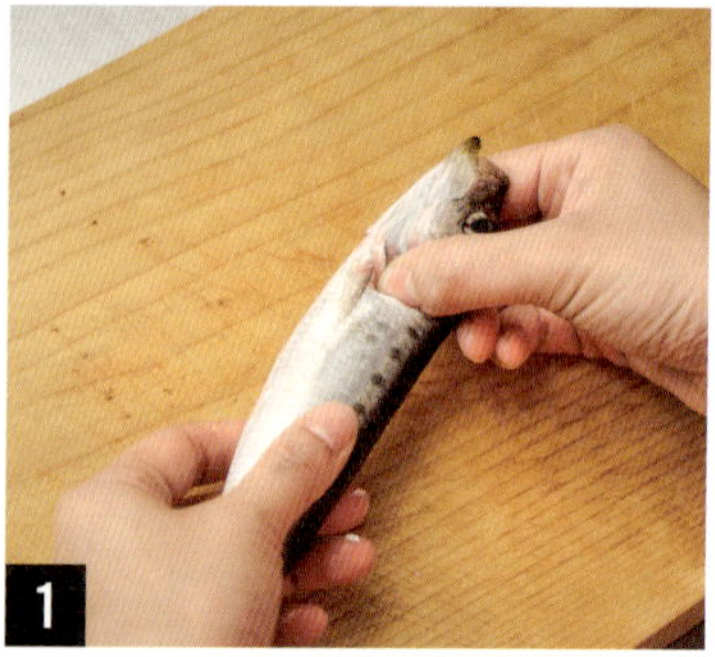

うろこと頭をとる

包丁の先でなでるようにしてうろこをとり除く。えらのキワに手をあてて、頭をとり除く。

腹側に指を入れる

腹に親指を入れて肛門まで開く。

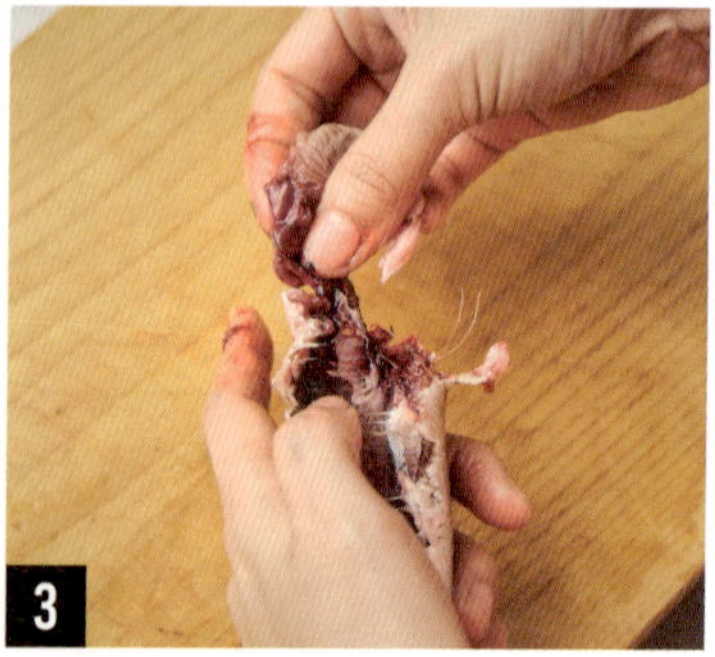

内臓をとる

腹の中の内臓を指でとり除く。

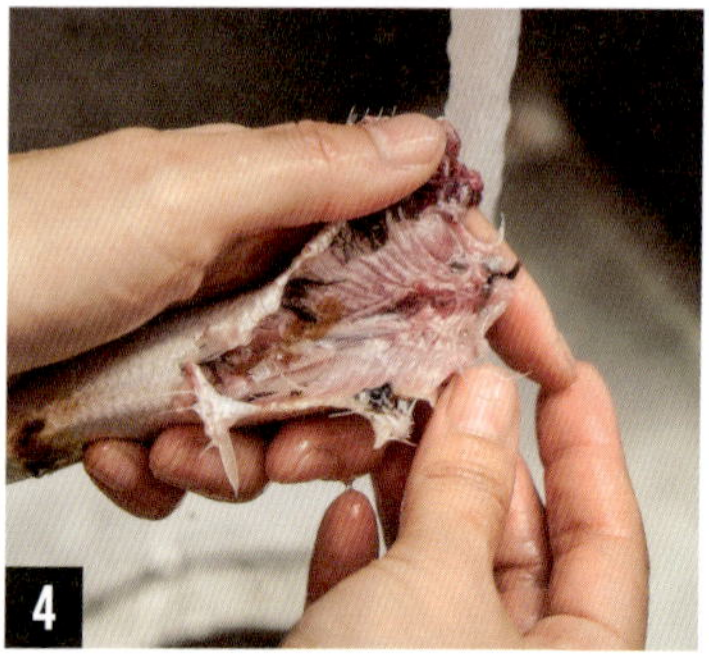

洗う

腹の中に残った内臓や血合いを水で洗う。

水気をとる

布巾で腹の中と身の水気を拭きとる。

腹に指を入れる

背中側を持って支えながら、親指を腹に入れて中骨にあてる。

7

腹を開く

中骨をなぞるようにし、尾に向かって腹を開く。

8

さらに開く

指をさらに深く入れ、中骨と身の間をなぞり、背中側まで開く。

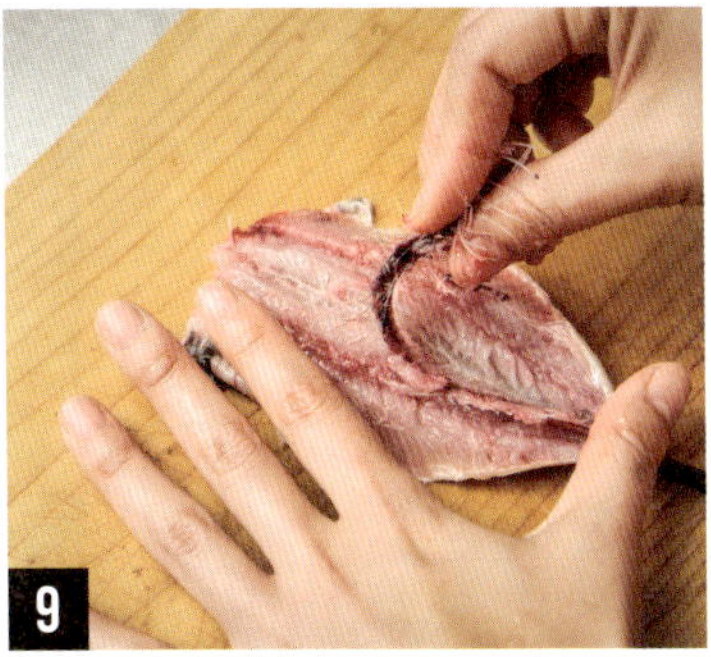

9

中骨を外していく

腹側の細かな骨を持ち上げて中骨を起こしながら身から離していく。

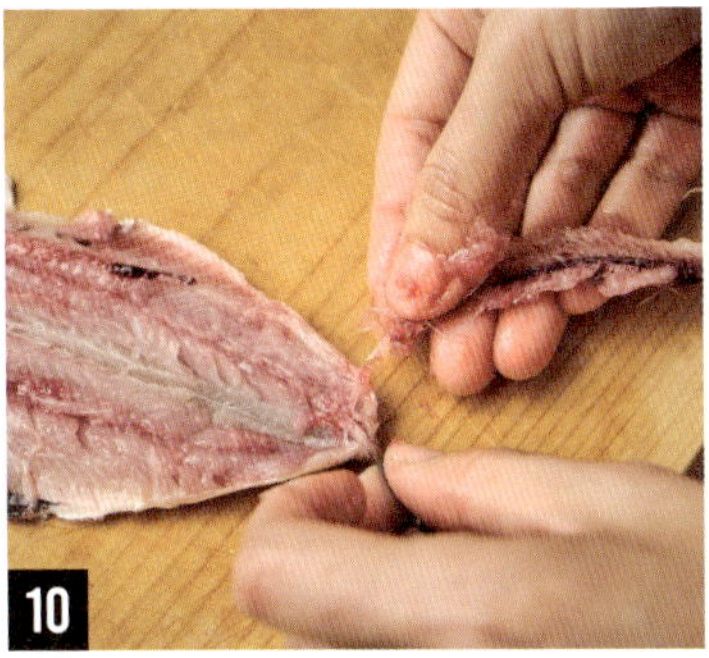

10

中骨をとる

尾まできたら、軽く引っ張って中骨を外す。

11

手開き完成！

身から中骨を外した状態。

するめいかの下処理

胴、足、肝に分けます。
肝は捨てずに塩をまぶして臭みを抜くと料理に使えます。

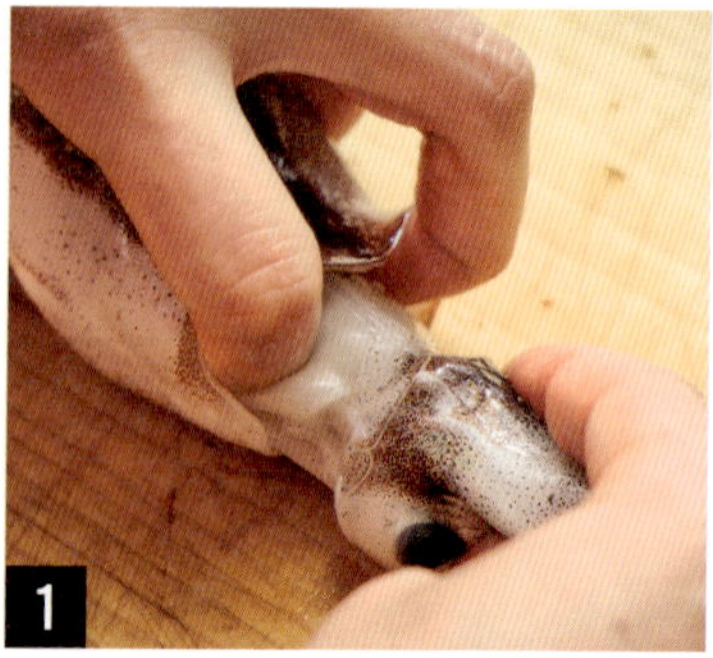

1 肝と胴を切り離す

胴の内側に1.5cmくらい指を2本入れて、肝と胴がくっついている部分を外す。

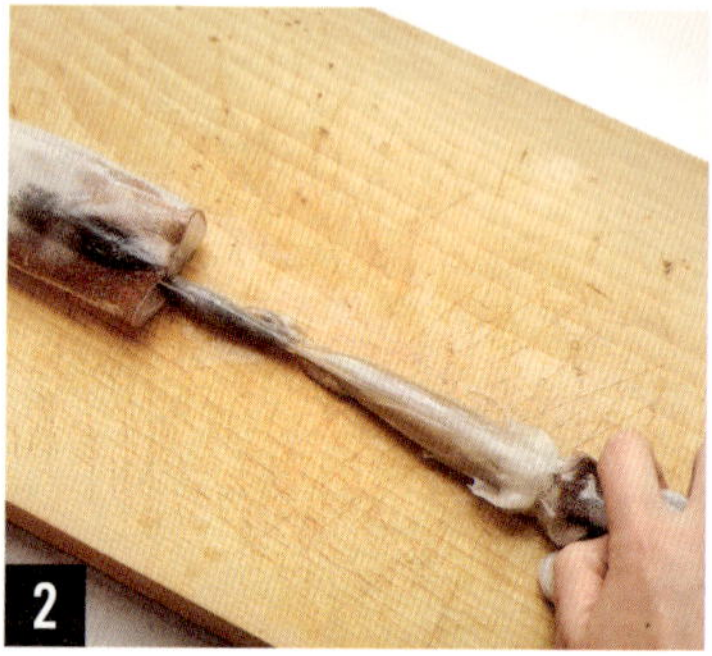

2 足をにぎり肝を抜く

片手で胴を押さえながら、足の付け根をゆっくりと引っ張り肝がつぶれないように出す。

3 スミをとる

肝についているスミ袋を割らないようにつまむようにしながらゆっくりとり除く。

4 肝と足を切り離す

目と足の間を包丁で切り離す。

5 肝を切り離す

肝の付け根を包丁で切る。目の部分は捨てる。

6 肝を残す

肝はつぶさずにこの状態で塩をまぶすと、塩辛やわた焼きなどの料理に使える。

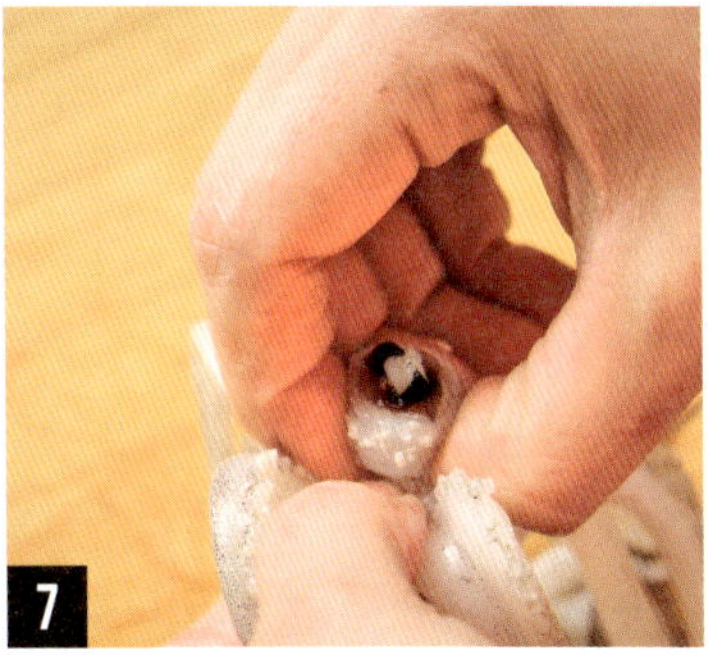

口ばしをとる

足の真ん中にある口ばし（とんび）をとり除く。

２本の足を切る

吸盤の多い長い足は、食感が悪いのでほかの足と長さを合わせて切る。気にならなければ切らなくてもよい。

吸盤をとる

足をまっすぐのばし、包丁の先で吸盤をこそげ落とす。

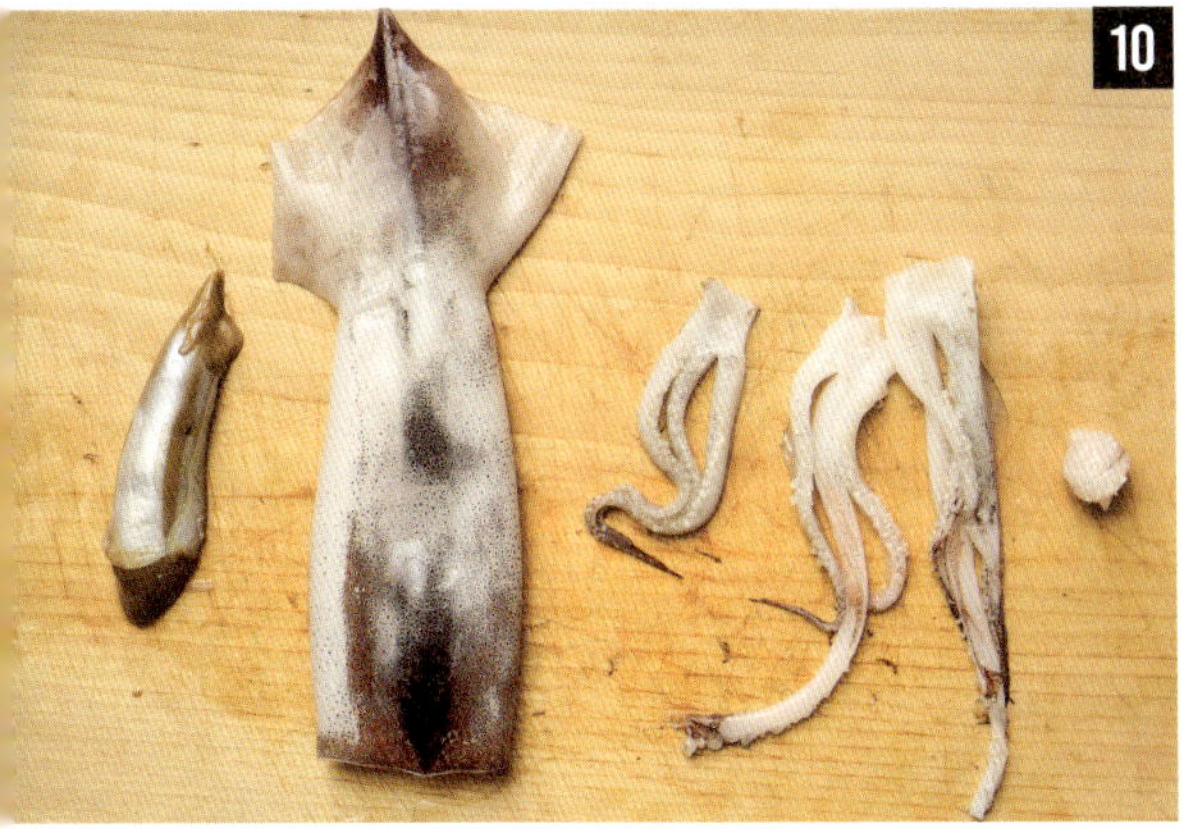

下処理完成！

肝、胴、足、口ばし（とんび）に分けた状態。胴は中の軟骨をとり除いて輪切りにして使ってもよい。

胴の皮をむく場合

刺身など、皮を除いて
料理に使うときの方法です。

胴からエンペラ（胴の先のひれ）を引っ張って外す。

刃を利き手側に向けて倒して切り、胴を開く。

真ん中にある軟骨を引っ張って抜く。

布巾などを使って、両面の皮を引っ張ってむく。

基本の
さばき方
4

えびの下処理

料理によって下処理の方法は異なりますが、基本的な方法をご紹介します。

頭をとる

頭を折るようにして胴から外す。

腹側の殻をとる

腹側の身と殻の間に親指を入れ、めくるようにして尾側までむく。

殻を外す

胴の殻は身に沿ってむく。

下処理完成！

頭と身を外し、殻をとった状態。殻も出汁として使うことができる。頭は素揚げなどに。

背わたをとる

胴を丸め、背中側に包丁で切り込みを入れる。

背わた（えびの背に沿っている腸）を丁寧に引っ張ってとり除く。

基本のさばき方 5

かきの下処理

かきの殻を開けるときは、殻の突起でケガをしやすいので軍手をはめるのがおすすめです。

貝柱の位置を確認

殻の深いほうを下にし、ちょうつがいを手前にして持ったとき、右側の前方、時計だと2時あたりにある。

隙間を探す

殻の間に隙間があるところを探す。貝柱になるべく近い位置がおすすめ。

殻にナイフを入れる

隙間からナイフの先を入れて、軽く揺らしながら隙間を広げてナイフを入れる。

殻を開く

上の殻と貝柱の間をなぞり、貝柱を離す。殻を開けて外す。

下の貝柱を外す

下の殻と身の間にナイフを入れて、貝柱を外す。

下処理完成！

貝柱を殻から完全に外した状態。そのまま殻に盛り付けるときには、写真のように身を裏返すと見栄えがよい。

基本のさばき方
6

丸魚のつぼ抜き

魚の腹を切らずに、えらと内臓を口から抜き出します。

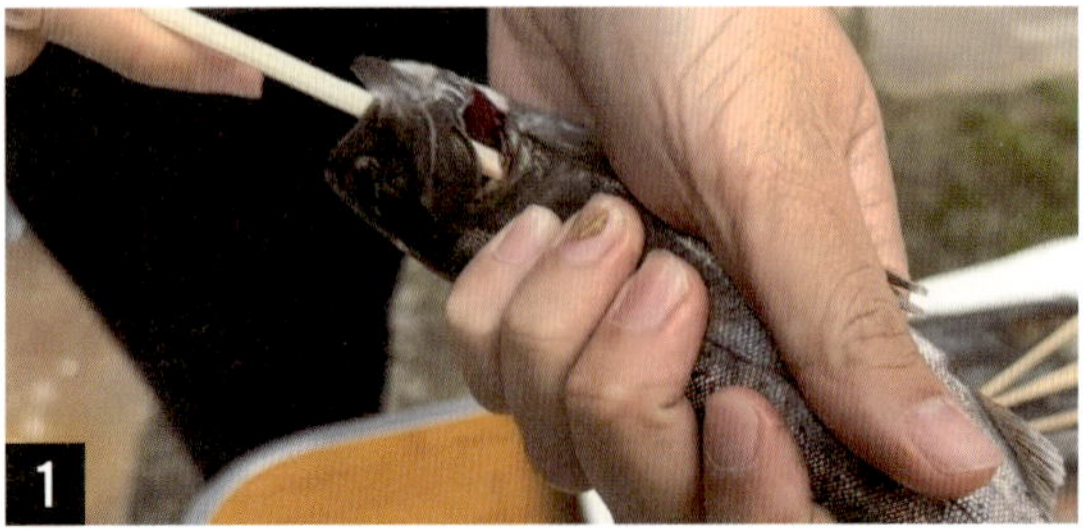

1

口から割り箸を入れる

魚の口に割り箸を入れ、えらの上を通してから腹の奥まで差し込む。左右のえら両方とも同様に行う。

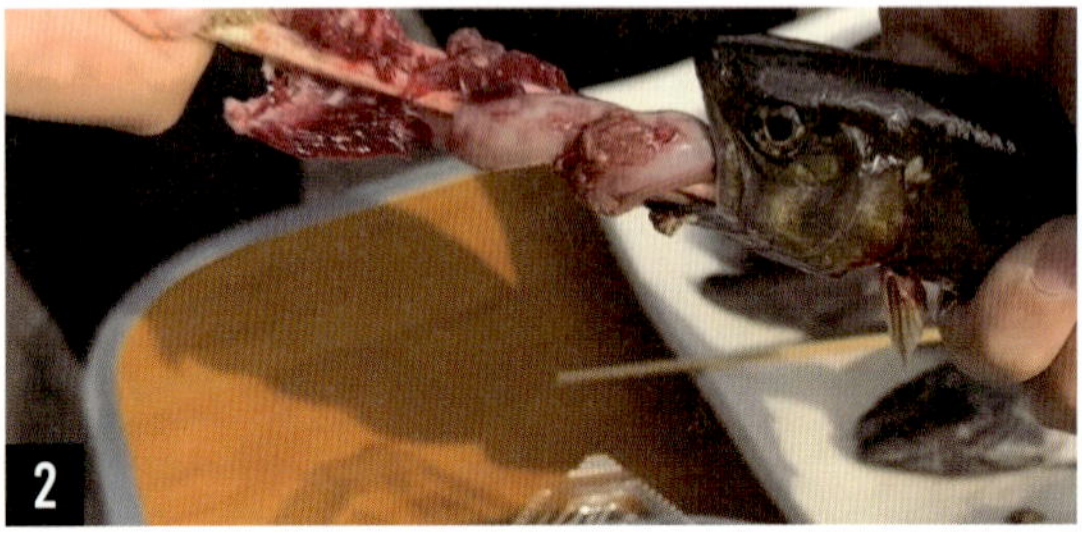

2

内臓とえらをとる

割り箸を回転させながら引き出して内臓とえらをとり除く。腹の中はきれいに洗う。

□霜降りの方法を覚えよう

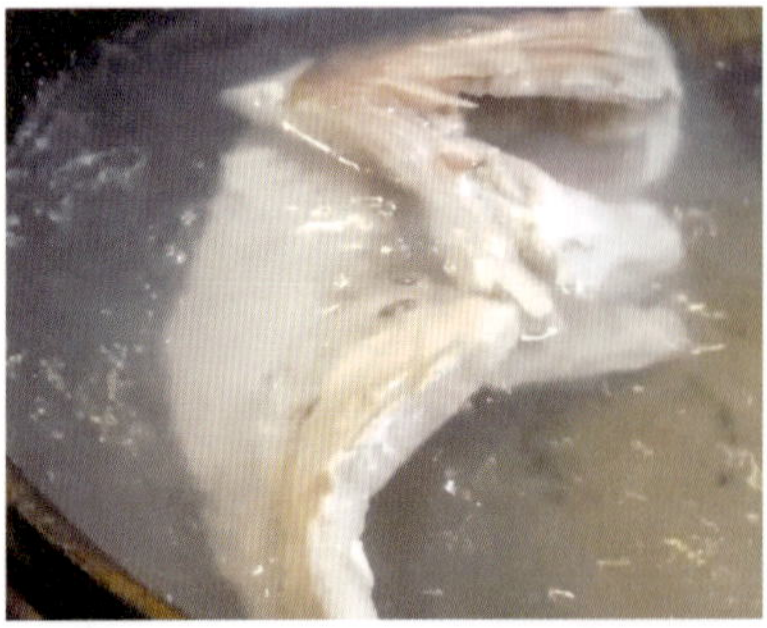

熱湯に魚のアラを入れたら、箸で全体を軽く混ぜる。

魚の臭みをとり除く下処理

魚の切り身やアラにはぬめりや汚れなどがついているので独特の臭みがあります。調理する前にさっと湯に通したり、身に湯をかける下処理を「霜降り」と呼びます。身の表面が白くなるまで行いましょう。臭みを除くほかに、身を引き締める効果もあります。

基本のさばき方
7

刺身の切り方

刺身は使う直前まで冷蔵庫に入れておきます。そぎ切りの方法をご紹介します。

切り方を確認

まぐろの柵のすじ（筋肉の繊維）が斜めに入っているので、すじに対して直角に切るのがポイント。

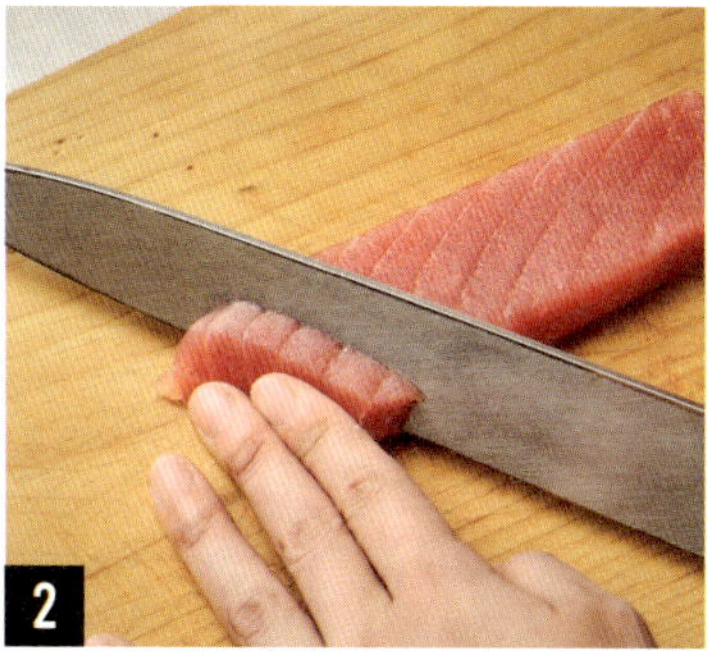

包丁を入れる

柵の左側に手を添え、包丁を斜めに倒して刃を入れる。

そぎ切りする

そのままの角度で刃を手前に引き、切る直前に包丁を起こして切り離す。

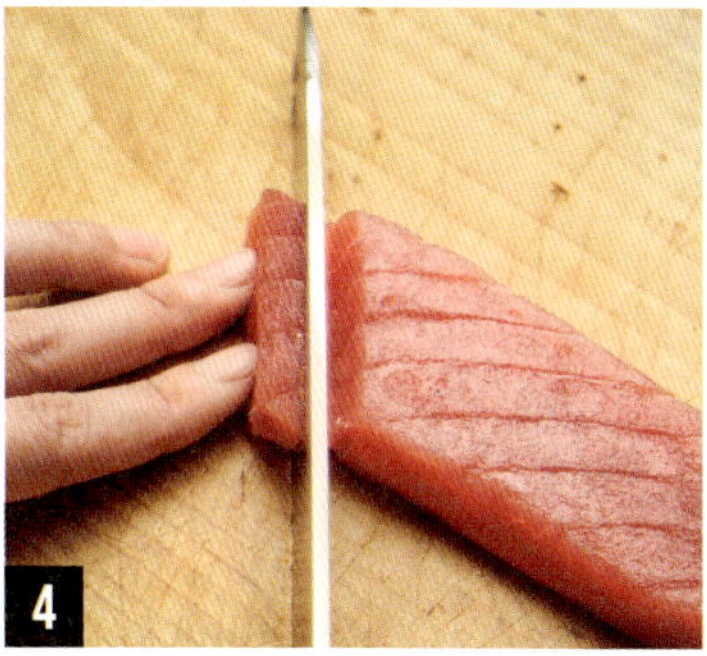

上から見た様子

包丁はのこぎりのようにギコギコと動かさず、一気に切るのが大切。

OK

すじが切れているので食感がよく、見た目も美しい。

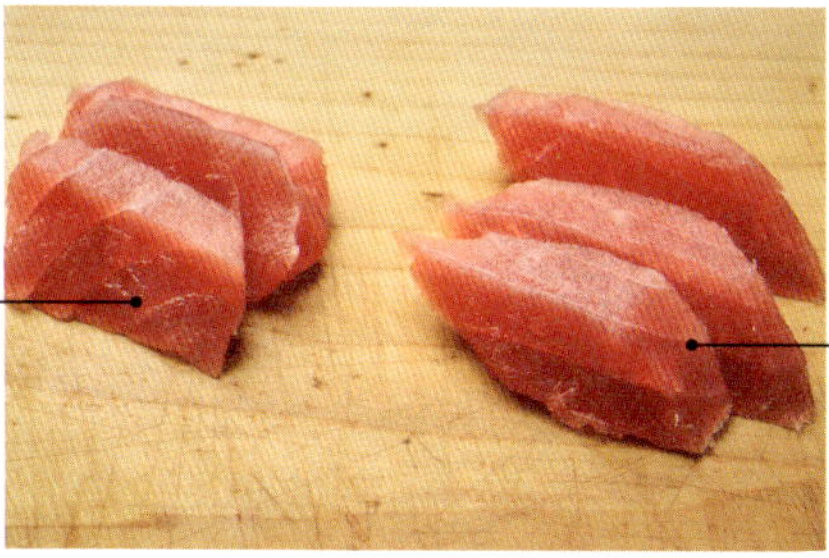

NG

すじが残っているので、舌触りが悪い状態。

第2章

魚屋さんおすすめ！おいしい魚と味わい方

本章では、魚屋やスーパーなどで気軽に購入できる定番の魚と、おすすめの食べ方をご紹介！　シンプルに刺身や煮つけでもおいしいけれど、もっと魚の個性を生かした食べ方、試してみませんか？

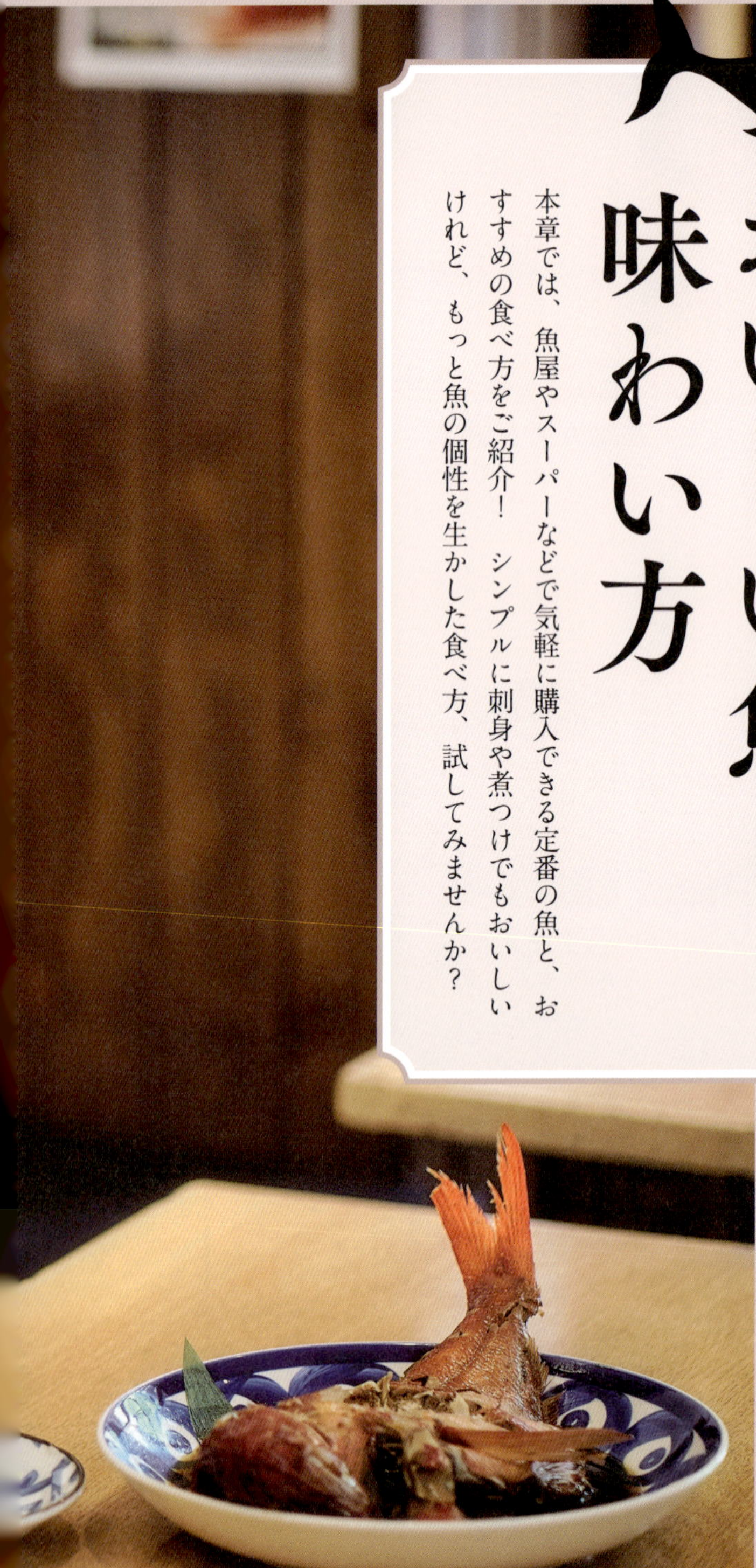

あいなめ

白身魚ならではの
独特の甘みを堪能してね！

写真は高級魚のあいなめ。体長50cmほどの特大サイズが手に入りましたよ！

データ

分類	アイナメ科アイナメ属
旬	春〜夏
分布	日本各地

特徴

体は細長い円筒形。茶〜黒褐色で産卵期などの影響で変異がある。うろこがとても小さい。あゆに似ていることから「鮎魚」、賞味すべき美味な魚の意味から「愛魚女」とも書く。

魚屋流
おすすめの味わい方

独特な甘みとプリッとした食感

夏が近づくころに食べられるあいなめは、さっぱりと食べたいものです。うろこと内臓をとり除いて2枚におろし、片身を刺身、残りの片身を酒蒸しにしました。酒蒸しは骨つき調理することで出汁がとれます。肝も一緒に酒蒸しにしました。

あいなめの刺身
皮を引いたら一度冷蔵庫で冷やし、食べる直前に切ります。モチッとした弾力を感じられます。

あいなめの酒蒸し
肝と豆腐も一緒に酒蒸しに。脂がのっていて、とろけるような食感で濃厚な味わい。梅だれで食べるのがおすすめ。

あおだい

白身が美しい魚
焼き物に向いています

青いうろこは近くで見るとラベンダー色。熱を通しても強く縮まらずやわらかいので刺身を炙って食べるのもおすすめ。

データ

分類	フエダイ科アオダイ属
旬	夏～秋
分布	伊豆諸島、紀伊半島、鹿児島県以南

特徴

体長50cm前後になる。体が青っぽく側変形（左右に平たく）で側面から見ると楕円形。鮮度がよければ鮮やかな青から黄味がかっている。

あおだいの唐揚げ

表面の香ばしさと白身のしっとり感が絶妙。ポン酢につけていただきます。

あおだいのマース煮

塩と酒※で煮るマース煮。脂の旨味が引き出され美味。

※本来は泡盛

魚屋流
おすすめの味わい方

かまを使って丸ごと楽しんでいただく

あおだいのかまを唐揚げとマース煮に、身は三枚おろしにしてから刺身にし、海鮮丼にしました。カマの唐揚げは酒と醤油で下味をつけてから片栗粉をまぶして揚げます。マース煮は湯引きしてから酒、薄口醤油、塩で味つけしています。

あかあまだい

森さん曰く、「魚界 No.1の愛嬌がある
お魚！」全体的に赤みがかり、身に甘
みがあります。

データ

分類	アマダイ科アマダイ属
旬	秋～冬
分布	日本各地

特徴

あまだいには３種類あり、あかあまだい、しろあまだい、きあまだい。あかあまだいは最も水揚げ量が多く、近年は高値で取引されている。「甘鯛」と書くように身に甘みがある。

魚屋流
おすすめの味わい方

うろこを利用して松笠揚げに

うろこのついた状態のあかあまだいが手に入ったら、ぜひ身を松笠揚げにしてほしいです。中骨を除いて、切り身にし、身に塩を振って約10分おき、余分な水分を出してから身のほうだけに片栗粉をまぶして揚げます。

松笠揚げ
揚げるときは油がはねるのでしっかり水気を拭いてから。サクサクとした食感とふわっとした甘みのある身がおいしい。

こんな味わい方も！

頭はかぶと割りにし、塩焼きにしてからお吸い物にするのがおすすめ。お吸い物は沸とうした湯に塩焼きした頭を入れ、酒と塩を入れて味を調えます。あかあまだいの脂と香ばしさで上品に仕上がります。

あじ

入手しやすい食卓の定番魚
いろいろな食べ方を試してね！

通年手に入りやすい魚で、正しい名前は「まあじ」。夏はとくに脂がのっていて絶品。体が少し黄色く腹にハリのあるものを選んで。

データ

分類　アジ科マアジ属
旬　　冬
分布　日本各地

特徴

全長40cm前後。「ぜいご」というかたくトゲトゲしいうろこが頭部後方から始まり、尾まで続く。語源は「味」にあり、「味がいい」からだともいわれている。

あじフライ
鮮度のいいあじなら、衣は軽めでもOK。ふんわりした身を感じられます。（P16参照）

なめろう茶漬け
あじ、青じそ、みょうが、八丁みそ、みりん、砂糖、酢を入れて切り混ぜたなめろうをごはんにのせ、お茶を注いでいただきます。

魚屋流
おすすめの味わい方

なめろうは味変もおすすめ

あじフライにする場合は、手のひらに収まるサイズのあじなら開き、大きいサイズなら三枚におろします。残った中骨も揚げて骨せんべいにしましょう。また、なめろうは八丁みそで作るとコクが出るのでぜひやってみてください。

Column 01

魚へんの漢字、いくつ読めますか？

寿司屋の湯呑みに書かれているような魚へんの漢字。なじみの漢字から、魚は知っていても漢字を見たことがないというものもあるはず。漢字力をチェックしてみて。

㊱ 鮑	㉛ 鮹	㉖ 鰒	㉑ 鰰	⑯ 鯒	⑪ 鰺	⑥ 鯣	① 鮗
㊲ 鯖	㉜ 鮎	㉗ 鮫	㉒ 鰌	⑰ 鯇	⑫ 鯉	⑦ 鰹	② 鱏
㊳ 鰈	㉝ 鯛	㉘ 鮃	㉓ 鱸	⑱ 鱧	⑬ 鮇	⑧ 鰯	③ 鰕
㊴ 鯡	㉞ 鱒	㉙ 鯑	㉔ 鮪	⑲ 鱶	⑭ 鱚	⑨ 鯨	④ 鱈
㊵ 鮒	㉟ 鯰	㉚ 鮭	㉕ 鰍	⑳ 鰤	⑮ 鰻	⑩ 鰆	⑤ 鯎

赤い「完」のシールは出会ってさばいたことのある魚です。
※上記の漢字表とは異なります。

動画内では漢字ビンゴをチャレンジ中です！

私が自分で作った湯呑みとその漢字表を使って、これまでにたくさん出会ってさばいた魚たちをチェックしてみました。約66種のうち⅔ほどが埋まってきました。現在も更新中ですが、かなり珍しい魚もあり、出会えるか…!?

①このしろ ②えい ③えび ④たら ⑤うぐい ⑥するめ ⑦かつお ⑧いわし ⑨クジラ ⑩さわら ⑪あじ ⑫こい ⑬いわな ⑭きす ⑮うなぎ ⑯こち ⑰あめのうお ⑱はも ⑲ふか ⑳ぶり ㉑はたはた ㉒どじょう ㉓すずき ㉔まぐろ ㉕いなだ ㉖ふぐ ㉗さめ ㉘ひらめ ㉙かずのこ ㉚さけ ㉛たこ ㉜あゆ ㉝たい ㉞ます ㉟なまず ㊱あわび ㊲さば ㊳かれい ㊴にしん ㊵ふな

あなご

旬のふわっふわの身は
うなぎにも負けないおいしさ！

首元が切れているものは活締めの証拠なので美味。ぬめりがしっかりあるものを選んで。

あなご煮
日本酒で煮ることで若干の酸味がアクセントに。脂がのってふわっとします。

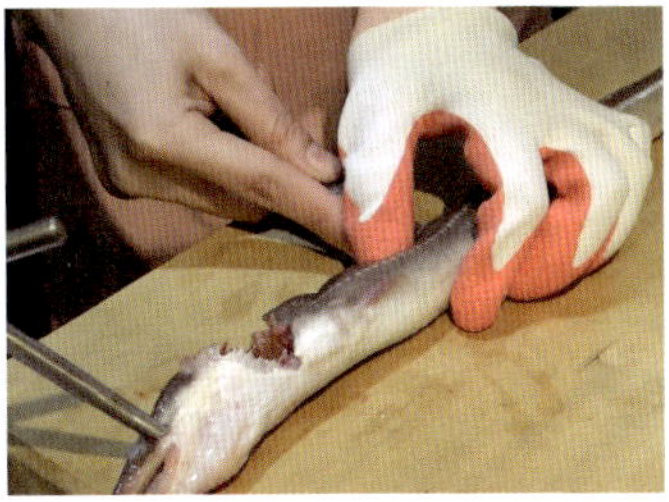

さばくときのポイント
あなごなど長い魚をさばくときには、目打ちをし、刃先のない専用の包丁を使用します。腹開きと背開きがありますが、写真は背開きでさばいています。

データ

分類　アナゴ科クロアナゴ属
旬　　初夏〜夏
分布　日本各地

特徴

全長40〜60cm。褐色で腹側は白い。体の側線に沿って白い点が並んでいる。

魚屋流
おすすめの味わい方

調理の際はしっかり臭みをとって

あなごはどうしても生臭さが出るので、包丁の刃先でぬめりをとってから調理します。あなご煮は細かく切りすぎると丸まってしまうので、大きめに切ります。たれは水ではなく酒で煮て、みりんと醤油で味つけ。出汁を利用して煮詰めて作ります。

あまご

体長は25cm前後。とてもきれいな姿。
卵のあるメスに出会えたら幸運。

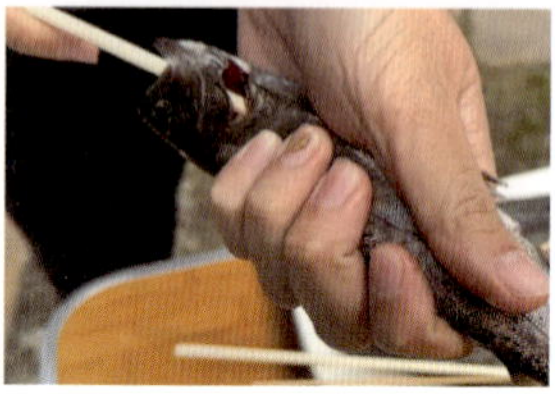

魚の形をそのまま塩焼きにしたいので、つぼ抜き処理をしました。

データ

分類	サケ科サケ属
旬	春から夏
分布	静岡県以南の本州の太平洋・瀬戸内海側の渓流

特徴

体側に暗青色の斑文が10個前後並び、赤い斑点がみられる。

あまごのカルパッチョ

刺身を並べ、すりおろしにんにくやオリーブオイル、バジル風味の塩をかけます。色味がきれいでさっぱり。

あまごの塩焼き

ひれを塩でコーティング（化粧塩）し、焼く。川魚特有のさわやかな香りで旨味を強く感じられます。

魚屋流
おすすめの味わい方

川魚はシンプルに塩焼きがおすすめ

ひれに化粧塩をしてシンプルに塩焼きに。割り箸を使って内臓をとり除くつぼ抜き（P48参照）をします。あまごはさばくと身は薄ピンクで、そのまま刺身として食べてもよいですが、ソースを添えてカルパッチョにするのもおすすめです。

あら

くえとは別種の
高級魚！

魚屋流
おすすめの
味わい方

あっさりした身に上品な脂を感じる

うろこが細かいので、皮を引いて除きます。三枚おろしにして刺身で食べるのももちろんおいしいですが、寿司にし、それを炙って食べるのも絶品です。

寿司
刺身で寿司を握り、柚子やしょうが、ねぎなどをのせて。炙ると脂の旨味をより感じます。

データ

分類	アラ科アラ属
旬	秋～冬
分布	日本各地

特徴

体長1m前後になる。背びれにとげがある。体が茶色っぽいものが鮮度がよい。

あわび

長生きなあわびは
不老長寿の象徴！

魚屋流
おすすめの
味わい方

高級食材の代表ぜひ晴れの日に

あわびは刺身にし、肝を肝醤油にして食べるのが美味。また、煮あわびにする際は、昆布、しょうが、だいこんと一緒に約1時間煮ると、やわらかくなります。

煮あわび
ことこと煮たあわびは、口あたりがとてもやわらか。

データ

分類	ミミガイ科
旬	春～秋
分布	茨城県から九州各地に分布

特徴

大きさは15cm程度。殻はやや細く、身の部分とともに青黒い。

あんこう

あんこうの名前は
ヒキガエルが由来とも
いわれています

肝はとくに味がよく「あん肝」と呼ばれ、「海のフォアグラ」ともいわれます。

つるし切り

表面にぬめりが強いので吊るしてさばき、「あんこうの七つ道具」をとり出していきます。

あんこうの七つ道具
キモ（肝）、カワ（皮）、水袋（胃袋）、ヌノ（卵巣）、えら、トモ（ひれ）、ヤナギ（身）のこと。それぞれに独特の食感や味わいがあります。

データ

分類	アンコウ科アンコウ属
旬	11月～3月
分布	日本各地

特徴

体長70cm 前後。食用になるのはメスのみ。水深500m ほどの深さに生息する。口腔内は暗色で、大きな淡色円斑が散在している。

魚屋流
おすすめの味わい方

部位で味わいが違い、冬の楽しみのひとつ

あんこうは、えらや胃も食べることができ「無駄のない魚」として有名です。自分で購入してさばくということは難しいですが、あんこう鍋やどぶ汁など代表的な料理があります。あんこう鍋ではプルプルの皮がとても特徴的です。

いさき

上品な味わいは
まだいにも劣らない！

データ

分類	イサキ科イサキ属
旬	春〜夏
分布	本州中部以南

特徴

体長は40cm以上になる。目がやや大きく、全体に青灰色。若魚はオリーブ色の体色に縦縞があり、「瓜坊」と呼ばれることもある。

魚屋流
おすすめの味わい方

塩を振らない塩焼きがおすすめ

内臓を除いた身を10%ほどの濃いめの塩水（1カップの水に、小さじ3倍強くらい）に約10分漬けてから焼くと、臭みと水分が抜け、旨味が濃縮されます。

たて塩で作った塩焼き
水っぽくなく、パサパサせず、ちょうどいいしっとり具合。究極の塩焼きです。

いせえび

最近は産地が変わって
きていますが人気の魚介類！

データ

分類	イセエビ科イセエビ属
旬	夏
分布	茨城以南の太平洋

特徴

体長は30cmほど。オスは尻尾の内側のひれが小さく、爪先が長くとがっている。

魚屋流
おすすめの味わい方

弾力のある身がたまらなく美味

活きのいいいせえびが手に入ったら、ぜひ活き造りに。動くので、しっかり押さえながらさばきます。鮮度がよければ、みそを溶かして身につけて食べても。

姿造り
真っ白で美しい身。とても甘くて、ぷりぷりの食感。強い旨味を感じます。

いわし（まいわし）

鮮度が落ちやすい
デリケートな魚

体長10cmほどのものはコバ、15cmほどのものはチュウバ、20cm以上あるものはオオバと、呼び名が変わります。

データ

分類	ニシン科マイワシ科
旬	秋
分布	沖縄を除く日本各地

特徴

体長15～30cm程度で細長く、腹皮は銀色、背中は青色。

「入梅《にゅうばい》いわし」とは？

いわしは漢字で魚に弱いと書く通り、鮮度が落ちやすい魚ですが、6～7月の梅雨時期は脂がのっていて絶品。この時期のいわしを入梅いわしと呼びます。ぜひ刺身で堪能してください。

魚屋流
おすすめの味わい方

少しのアレンジでもっと楽しめる

日本でよく食べられるいわしは「まいわし」「うるめいわし」「かたくちいわし」の3種類。よくスーパーで目にするのがまいわしで、家庭料理の定番でもあります。目に輝きがあり、しっかりとうろこがついているものを選びましょう。

梅煮やフライなどで食卓におなじみのいわしですが、「ユッケ丼」や「アヒージョ」などちょっと変わった味つけで楽しむこともできます。手開き（P42参照）もできるのでさばくのはかんたん。たくさん手に入ったらオイルサーディン（P22参照）にするのもおすすめです。

■いわしのフライ

手開きしたいわしで青じそ、梅のたたき、チーズを巻き、衣をつけて揚げたフライです。梅の風味がアクセントで、お弁当にもおすすめ。

1 開いたいわしの上に、青じそ、梅肉のたたき、チーズの順にのせる。

2 頭のほうから巻き、爪楊枝で閉じる。

■いわしのユッケ丼

いわしを手開きして中骨と皮を除き、身を細長く切り、たれを混ぜます。ごはんに海苔を敷き、せん切りのきゅうりをのせ、いわし、万能ねぎと卵黄、ごまをのせて完成。ピリ辛でごはんがすすみます！

ユッケのたれ

にんにく、しょうが、コチュジャン、醤油、酒、みりん、ごま油を混ぜます。量はお好みでOK。

■いわしのアヒージョ

いわしは手開きします。鍋にオリーブオイルをひたひたに入れ、唐辛子と刻んだにんにく、薄切りマッシュルーム、塩・こしょうを入れて煮ます。アルミの器に盛り付けると、温め直しもできます。

骨ごと
食べられる！

うなぎ（日本うなぎ）

川で育ち、
海で産卵するよ！

焼いて食べるのが一般的なうなぎですが、実は生食も可能。ただし、うなぎの血には毒があるため、さばくときは有識者のもとさばくことをおすすめします。

データ

分類　ウナギ科ウナギ属

旬　　夏

分布　日本各地

特徴

成長すると1m 前後の大きさになる。スマートな体つき、背側が黒で腹側は白。上あごよりも下あごが出ている。

魚屋流
おすすめの味わい方

白焼きでうなぎそのものを味わって

夏の風物詩でもあるうなぎ。さばくときには、冷凍庫へ入れて運動神経を鈍らせてから行います。白焼きは、定番の蒲焼きにくらべて脂がしっかり身に残っています。皮と身の間に放射線状に串を刺し、直火で焼きます。ほわっとした食感を楽しめます。肝はぜひ肝吸いにして。

うなぎの白焼き

塩、柚子胡椒、わさび醤油をつけて食べて。尻尾はかりっとしていて美味。

スーパーのうなぎの蒲焼きをおいしくする方法

たれが酸化していることがあるので、たれを水で洗い、酒を大さじ2ほどふりかけ、ラップをせずに600Wの電子レンジで2～3分加熱。さらにガスバーナーで炙って付属のたれをぬると格段においしくなります。

えび（くるまえび）

くるまえびは、なんといっても味の濃さが特徴。プリプリ食感がたまらない！

データ

分類	クルマエビ科クルマエビ属
旬	6～8月
分布	青森県以南の日本海沿岸および仙台湾以南の太平洋沿岸

特徴

“くるまえび”は縞模様を大八車の車輪にみたてたのが名前の由来。体長9cm程度のものを“まき”、それより小さいものを“さいまき”と呼ぶ。

魚屋流
チャレンジメニュー

びっくりサイズのえびカツバーガー

馴染みのあるくるまえびですが、小さいものがたくさん（60匹ほど）手に入ったので、特大のえびカツサンドを作ってみました。頭は捨てずに、スープとカリッと揚げて塩を振ったおつまみに。余すことなく食べつくします。

特大くるまえびカツサンド
アルミホイルとえびの身に打ち粉をし、えびを輪になるように敷き詰めます。小麦粉、卵液、パン粉をつけて揚げました。タルタルと一緒にバンズで挟みます。

卵スープ
乾煎りしたえびの頭をにんにくとともに炒め、頭をつぶし、中華風のスープにしました。えびのみそが濃厚。

大あさり（うちむらさき）

正式名称は「うちむらさき」。あさりとは別種。内側が美しい紫色をしています。はまぐりとくらべても大きいですよ。

データ

分類	マルスダレガイ科ウチムラサキ属
旬	春、秋
分布	日本各地

特徴

殻幅4cm 前後。貝殻には楕円形布目状の筋がある。模様はさまざま。

大あさりのかき揚げ

大あさりと斜め切りしたねぎを一緒に揚げました。塩気があるのでそのままでもよいですが、天つゆにつけて食べても。

大あさりの浜焼き

身をとり出して殻を器にし、醤油と酒をかけて焼きます。食べごたえあり。

魚屋流
おすすめの味わい方

砂抜きをしてから調理します

愛知県・名古屋の三河名産の通称「大あさり」は通常のあさりの5倍ほども大きいんです。砂抜きをし、ステーキナイフを使って殻を開けて身を外してから使います。殻にのせて焼く浜焼きは旨味をしっかり感じられておいしいです。

おおにべ

体長70cm を超える大型種で、しろぐちと似ていますがやや小さめです。

データ

分類	ニベ科オオニベ属
旬	春～夏
分布	東北沖以南や東シナ海

特徴

「いしもち」や「ぐち」とも呼ばれる白身魚で、クセのない味わいが特徴。近縁の「しろぐち」より身質が締まっている。刺身もおいしいが、ムニエルやフライなど加熱調理に向いている。皮のまわりに旨味が詰まっている。

おおにべのかぶと汁

おおにべそのものの味わいには主張がないものの、脂のおいしさは天下一品！

おおにべのムニエル

皮目をパリッと焼くことで、外はカリッと、中はほろっとジューシーに。

魚屋流

おすすめの味わい方

皮つきのまま食べられる料理がおすすめ

切り身にしたおおにべをかぶと汁とムニエルに調理しました。かぶと汁にはアラを入れると、よい出汁に。身は霜降りして臭みをとります。おおにべは加熱調理が向いており、旨味が詰まっていて皮ごと食べられるのでムニエルは絶品です。

おきざわら（かますさわら）

本名「かますさわら」のとおり
顔がかますにそっくり！

さわらとは別種の魚。クセのない淡泊な味わいが特徴。とてもやわらかい身質のため、加熱調理がおすすめ。

データ

分類	サバ科カマスサワラ属
旬	秋〜冬
分布	南日本

特徴

体長2m を超える。小さな円鱗で覆われ腹びれと尻びれは離れていて、小さい。

よだれおきざわら
ピリ辛な味つけで、ごはんが進む味。おきざわらがパサつかずおいしくいただけます。

魚屋流
おすすめの味わい方

ピリ辛がやみつき おかずやおつまみに

本さわらにくらべて身に脂がないため、やや脂のある腹部分の切り身を使って、中華料理の〝よだれ鶏〟をイメージした〝よだれおきざわら〟に。塩をして臭みを抜き、酒を振って電子レンジで蒸します。たれをかけて完成です。

山椒や花椒を
かけて食べると
おつまみに最適ですよ！

かき（まがき）

小ぶりな身には
旨味が凝縮されている！

いわがきにくらべてあっさりした味わいが特徴のまがきですが、寒い季節には濃厚な旨味とコクが感じられます。

データ

分類　イタボガキ科マガキ属
旬　　秋
分布　日本各地の沿岸

特徴

旨味が凝縮されクリーミーな味わいが特徴で「海のミルク」と称される。養殖ものがほとんど。

魚屋流
おすすめの味わい方

旬の時期には存分に楽しみたい！

まがきは、殻をむいて、レモンやポン酢をきゅっとかけてシンプルに食べるのももちろんおいしいですが、オイル漬けや蒸しかきにすると、おつまみにぴったりです。私は、大きなクリームコロッケを作ってみました。

蒸しかきとオイル漬け
かきはよく洗い、電子レンジで蒸すとかんたん。オイル漬けは2日くらい寝かすとオイルがかきに染み込んでおいしい。

かきのクリームコロッケ
ソテーしたかきをホワイトソースとともに揚げます。ソースのとろとろと、かきのとろとろの組み合わせが最高！

かじか（毛虫かじか）

川の上流の水質のいいところに生息する魚で、高級魚として扱う地域もあります。古くから味がよいことで有名な魚。

魚屋流
おすすめの味わい方

鍋や汁物などさまざまな楽しみ方を

見た目に驚かされるかじかですが、皮にはコラーゲンがたっぷり、身はほろっとしてとてもおいしいです。鍋にしたり、唐揚げにしたりとさまざまな食べ方ができます。骨から出汁が出るのでぜひ、みそ汁で味わってみてください。

データ

分類　カジカ科カジカ属
旬　　秋〜冬
分布　本州、四国、九州北西部

特徴

トゲのような凹凸がいっぱいあり、英語で Shaggy Sea Raven、「もじゃもじゃの海のカラス」と呼ばれる。写真は毛虫カジカ。

かじかの唐揚げとみそ汁
皮つきの身を下味をつけて揚げる。ホクホクとして美味。みそ汁は身を霜降りしてから。肝も入れるとおいしい。

胃袋も食べられる！

かじかの胃袋は茹でて臭みをとり除いてから、みそ汁に加えましょう。白子もあれば、すりつぶして入れるのもおすすめです。

Column 02

注目したい養殖ブランド魚

全国各地で養殖されているブランド魚には、えさなどの育て方にこだわりがつまっています。その土地に訪れたらぜひ味わってみたいものです。

愛知県「絹姫サーモン」

「ほうらいます」と「あまご」を掛け合わせた魚。愛知県淡水養殖漁業協同組合と愛知県水産試験場との共同研究により、12年の歳月をかけて商品化されたもの。川魚特有の臭みがなく、上品でありながらほどよく脂がのり、プリッとした食感です。

刺身はもちろんおいしいのですが、脂がすっきりしているので、オイルを使うカルパッチョも合います。煮つけには酢を加えてややさっぱりといただきました。

カルパッチョ

煮つけ

大分県「かぼすぶり」

大分が日本一の生産量を誇るかぼすを食べて育ったぶり。一般的なぶりは締めてから数日間はおいしく食べられますが、血合いが早く変色してしまうため質が落ちてしまうもの。抗酸化作用のある柑橘のかぼすをえさにすることで、通常のぶりよりも鮮度を長く保てます。

さばいてから3日後も血合いの色が変わらず身がきれい。脂がしっかりのっています。

臭みのないかぼすぶりは、ぜひ刺身やしゃぶしゃぶで味わってほしいです。

かつお

季節ごとに違った味わいを楽しめるよ！

高たんぱく・低カロリーなかつおはダイエット中の人にもおすすめの魚。鉄分やビタミンも豊富で体にうれしい！

データ

分類	サバ科カツオ属
旬	春、秋
分布	日本近海、世界各地の温帯域

特徴

１ｍ前後の大きさになる。生きているときは縦縞で、死後に横縞模様が出現し、時間の経過とともにぼやけてくる。

初がつおと戻りがつお

かつおには旬が２回あり、春の「初がつお」は身が締まってあっさり。秋の「戻りがつお」は脂がのってとろりとした食感に。優劣はつけられないほど、それぞれおいしさを感じられます。

魚屋流
おすすめの味わい方

刺身やたたきだけでなくステーキにも

あっさりとした初がつおは、たたきにして食べるのが1番です。自分でさばく場合、内臓は自家製の塩辛にするのもおすすめです。おなかのあたりに寄生虫のアニサキスがいる可能性があるため、ハラスは焼いて食べるようにしましょう。

脂ののっている戻りがつおはシンプルに刺身にしてもよいですが、お茶漬けにして薬味をたっぷりのせ、温かい出汁をかけて食べてみてください。また、肉厚なのでレアステーキなどにアレンジして食べるのもおすすめです。

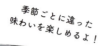

かつおの塩たたき

かつおに塩をして藁焼きにし、薬味をたくさんのせて。マヨポン酢唐辛子のたれをつけていただく。たれのマヨネーズのコクがあっさりした初がつおに合います。

初がつおに
おすすめ！

かつおの山芋がけ

サイコロ状に切ったかつおを湯引きし、すりおろした山芋と、きゅうりを添えて。かつおのもっちりとしたおいしさを楽しめます。

沸とうした湯に入れ、表面の色が変わったら氷水で冷やすと臭みがとれます。

かつおの鉄板レアステーキ

塩・こしょうしたかつおを両面焼き、温めた鉄板ににんにくと一緒に入れてカットし、ソースをかけます。

巨大かつおに
出会いました！

なんと13kgの大型のかつお。
さばくのはひと苦労です！

かます（あかかます）

形が似ている「やまとかます」とは、ひれの位置で見分けます。背びれが腹びれより後ろから始まるのがあかかますです。

データ

分類	カマス科カマス属
旬	春、秋
分布	南日本、東シナ海、南シナ海

特徴

体が細長く背びれが2つある。大きな口と鋭い歯があり、30 cm 前後になる。

かますの押し寿司

酢締めしたかますを炙ることで、皮の脂をしっかり感じられます。

かますの幽庵焼き

醤油、みりん、酒の幽庵地に漬け込み、身を巻いて串に刺して焼きます。香りよく仕上がります。

魚屋流
おすすめの味わい方

秋にさんまが高いならかますを！

かますはおなかに身がほとんどついていないので、内臓ごと切り落としてさばくことができます。フライなどの揚げ物にするとおいしいですが、幽庵焼きにしても絶品。酢締めにして、押し寿司でさっぱり食べてもよいです。

かめのて

スペインでは
高級珍味として知られるよ！

衝撃的な見た目とは裏腹に、味はえびやかにに似ていて、塩茹でや酒蒸しなどでおいしく食べられます。

データ

分類	ミョウガガイ科カメノテ属
旬	5〜8月（夏）
分布	日本各地、マレー半島

特徴

甲殻類の仲間。中の管状の部分に入っている筋肉状のものを食べる。スペイン語で「ペルセベス」といって珍重される。

ボイル
約７分ほど茹でるだけ。少しだけ醤油をたらして茹でても。

食べ方
爪の部分を持ち、皮をはがすようにとり除くと可食部が出てくるのでそのまま吸うように食べます。
※黒い触手部分は食べません。

魚屋流
おすすめの味わい方

個性的な見た目 ほのかな塩気が絶品

かめのては、基本的にボイルしてシンプルに食べられています。茹でて中の筋肉の部分をそのまま吸うようにして食べると、磯の香りとやわらかな食感が、酒のつまみに最高です。また、出汁がよく出るのでみそ汁にもおすすめです。

かれい（いしがれい）

「あまて」や「くちぼそ」など
いろいろな別名があるよ！

産卵期で卵をもったメスは「子持ちがれい」と呼ばれ、格別においしいですよ。

かれいの刺身
身がほのかにピンク色で美しい。脂がのり、ねっとりとした旨味を感じられます。

データ

分類	カレイ科ヌマガレイ属
旬	秋〜冬
分布	日本の中部地方以北

特徴

いしがれいは体の表側に石状の「石状骨質板」がある。体に石を持っているというのが名の由来。

五枚おろし

いしがれいをさばくときは、石を外し、表面がぬるぬるしてすべるので、洗ってからさばきます。大きい魚なので、魚の中央に包丁を入れ、両側の身をおろしていく五枚おろしが適しています。

魚屋流
おすすめの味わい方

身もえんがわも脂がのって美味

かれいはとてもおっとりした魚です。よくひらめと比較されますが、左ひらめ、右かれいと目のついている向きで区別します。肉厚ないしがれいが手に入ったので刺身にしました。身がピンク色で脂がのって、プリッとしながらねっとり感があります。

かんぱち

ぶりやひらまさと比較して身質がかたく、コリコリした食感が特徴。

データ

分類	アジ科ブリ属
旬	夏
分布	本州中部以南、東部大西洋を除く全世界の熱帯・温帯域

特徴

体長1m前後になるアジ科大型魚。正面から見た際に目の上の斜め帯が漢字の「八」の字に見えることが由来とされている。出世魚。

魚屋流
おすすめの味わい方

弾力のある食感で ほどよい甘みが絶品

かんぱちは養殖が盛んなので通年手に入るのが嬉しいですね。シンプルに刺身で、コリコリとした弾力のある食感を楽しんでみてください。また、身を煮つけにしたり、かまを焼いて食べたりするのもおすすめです。

かんぱちの刺身
嫌なねっとりさはなく、コリコリとした食感。かむごとに甘みを感じます。海苔で巻いて食べてもおいしいですよ。

かんぱちの煮つけ
しょうが、醤油、酒、みりんで煮た煮つけ。身がふわっとし、脂も出ておいしい。

きんき（きちじ）

脂のりがよくやわらかな身質で、旨味を強く感じます。漁獲量が減ったことで高級魚として扱われるようになりました。

データ

分類	キチジ科キチジ属
旬	秋～冬
分布	本州中部以北、オホーツク海南西部、ベーリング海

特徴

正式名は「きちじ」。真っ赤な体色で背びれに黒い斑紋がある。

きんきの煮つけ
身に脂がすごくのってやわらか。煮汁がしっかり染みて滋味深い味わいです。

霜降りでうろこを除く

臭みとりのために湯をかけて行う霜降りですが、とり切れなかったうろこもとれるので、煮つけにする際はえらのまわりなどに湯をかけてみてください。

魚屋流
おすすめの
味わい方

身に煮汁が染みてごはんがすすむ

高級魚のきんきは、刺身などでももちろんおいしいのですが、煮つけにしても。煮汁にしょうがを多めに入れ、豆腐やそら豆と一緒に煮ました。ごはんにも合いますが、お酒のおつまみにも最高の一品です。

きんめだい

身はもちろん、アラまで旨味がぎっしり詰まっていて、余すところなく食べられます。

データ

分類　キンメダイ科キンメダイ属
旬　冬
分布　北海道以南の太平洋

特徴

体長50cmほど。全体に赤く、目が金色なのは目の奥にタペータムという反射板があるため。

魚屋流
おすすめの味わい方

煮つけ以外の食べ方もぜひ覚えて

リップマークのような形のうろこがかわいい深海に棲むきんめだい。煮つけ（P18参照）もおいしいですが、ハードルが高ければ電子レンジで酒蒸しにするのがおすすめ。串焼きはパーティなど人が集まるときに。アレンジは無限で、バジルソースなどをつけてもおいしいです。

きんめだいの酒蒸し
菜の花、豆腐、ねぎと一緒に電子レンジで酒蒸しに。身がふんわり。

きんめだいの串焼き
３枚におろし、うずらの卵やミニトマト、ねぎなどと串に刺して塩を振り、両面焼きます。

くろむつ

歯がとても鋭く
大きな犬歯が生えているよ！

淡泊なものが多いとされる白身魚だが、くろむつは脂が多く濃厚な旨味がある。

データ

分類	ムツ科ムツ属
旬	秋〜冬
分布	北海道南部以南から本州中部太平洋岸

特徴

名の通り、体が黒いむつ。大きい目と鋭い歯を持ち、うろこが細かい。

魚屋流
チャレンジメニュー

煮つけや塩釜焼きにするのがベスト！

脂のりのよい白身魚なので、内臓を除き、丸のまま塩釜焼きに。人が集まるイベントでも見栄えがよく最適です。塩釜焼きは卵白でメレンゲを作り、塩と混ぜますが、卵白は角が立つまでしっかりと泡立てましょう。

＼ぜひチャレンジ！／

くろむつの塩釜焼き

メレンゲ、小麦粉、塩を混ぜてからくろむつを覆い、魚のデザインを描きます。焼き上がりは金槌で割っていただきます。身がふんわり。

こち（まごち）

ゼラチン質が多く味わいや歯ごたえが
ふぐに似ています。

魚屋流
おすすめの味わい方

上品な味わいで夏を感じられる

こちは料亭などが仕入れる夏が旬の高級魚です。背中には頑丈なとげがあるのでさばくときには、最初にとり除きます。身は洗いにしてさっぱりといただきましょう。腹まわりは骨が大きくて身が少ないので煮つけに。頭、中骨、皮は炙ってお吸い物にしました。

データ

分類	コチ科コチ属
旬	夏
分布	宮城県～鹿児島県（種子島まで）の太平洋岸、日本海沿岸

特徴

体長60cmほど。全体が黒っぽく、平たい。

こちの洗い
こちの刺身は別名「てっさなみ」（てっさはふぐの刺身のこと）と呼ばれるほど。ふぐよりも甘くて旨味が濃いです。

こちの煮つけ
骨からの身離れがよく身がしっかりと締まっていて上品な味わい。ごはんにのせて食べたい味です。

ごっこ

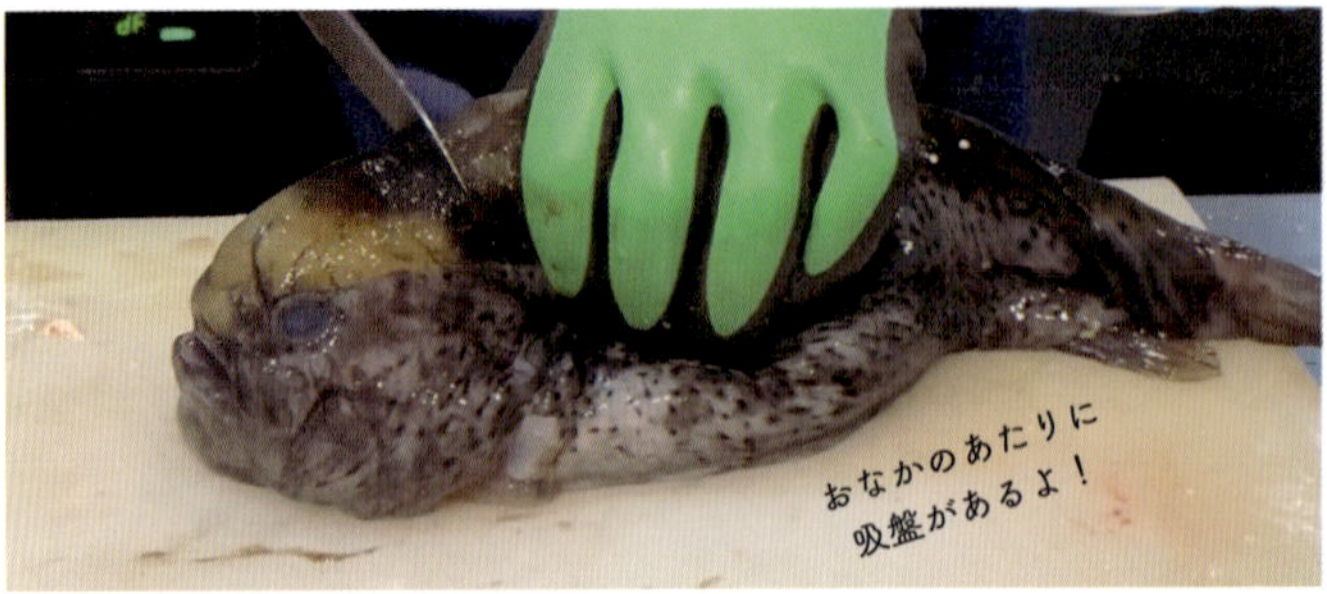
おなかのあたりに
吸盤があるよ！

ごっこの学名は「ほていうお」といい、
七福神に由来する縁起のよい魚。

データ

分類	ダンゴウオ科ホテイウオ属
旬	冬
分布	北海道から青森、島根県までの日本海沿岸

特徴

正式には「ほていうお」。腹に吸盤があり、岩場にくっついている。

実食
完成!!

ごっこ鍋
豆腐やねぎなどと一緒に鍋に。身がやわらかく、ふっくら。卵がプチプチ。

プルプル食感で
冬の鍋料理に
ぴったり！

魚屋流
おすすめの味わい方

コラーゲン質な身から出る出汁が絶品

深海魚のごっこは表面にぬめりがありすべるので、さばくときには手袋をしましょう。弱火で30分ほどしっかり煮込んだごっこ鍋は、上質な出汁が出ます。卵や肝、白子も手に入れば、一緒に入れるとおいしいですよ。

このしろ

とにもかくにも
小骨が多いよ！

江戸前寿司で有名なネタ。さっぱりとした味が魅力。

データ

分類　ニシン科コノシロ属
旬　　冬
分布　東北地方～九州

特徴

体長は25～30cmほどで背びれの後ろが糸のように長くなっています。えらから尾にかけて黒い斑点が並んでいます。

このしろの塩焼きとごまポン酢
串で両面を焼いた塩焼き。身がほろっととれます。刺身はごまとポン酢をたっぷりとかけていただきました。

不思議な“逆”出世魚

しんこ（約4cm）→こはだ（8～12cm）→なかずみ（12cm前後）→このしろ（15cm以上）

通常、出世魚は大きくなるほど価値が上がりますが、成長するほど骨が多くなり敬遠され、「このしろ」は値段が安くなります。

魚屋流
おすすめの味わい方

ごまの風味と合わせたいひかりもの

少し臭みのある魚なので、刺身で食べる場合は、酢洗いします。ごまの風味と合わせるとおいしいので、ごまをたっぷりかけて。焼いて食べるのもおいしいですが、骨が多いので切り込みを入れて焼きます。

こぶだい

こぶだいは別名「寒鯛（かんだい）」とも呼ばれ、冬が旬とされます。

データ

分類	ベラ科コブダイ属
旬	冬
分布	下北半島・佐渡島以南の沖縄県を除く各地。朝鮮半島、南シナ海

特徴

体長1m前後。大きくなるほど前頭部が張り出す。

こぶだいのカレー

アラで出汁をとり、カレーの水分にしました。身は皮目からバターでソテーして加えます。

魚屋流 おすすめの味わい方

冬が旬のこぶだいはソテーにするのが一番

旬を迎える冬のこぶだいは脂がのって身がもっちりして美味。アラからよい出汁が出るので、カレーを作るときに出汁をしっかり出すと、旨味のある上品なカレーに仕上がります。身は焼いてから加えましょう。

夏のこぶだいはまずい？

こぶだいは、夏は磯臭いと言われて敬遠されがちですが、産卵期を控えて身に脂がのる旬の冬には臭みが消えて、とてもおいしくなります。

さざえ

さざえの名前は「小さい家」という意味

さざえは肝まで食べることができ、独特の苦味と旨味を感じられます。

さざえはヒモと貝柱、先端の肝の部分を食べます。オスとメスでワタの色が異なります。

うにバター焼きとつぼ焼き

つぼ焼きは身を出して豪快に。殻に入れると見栄えもよくなります。こりっと弾力のある食感。

データ

分類	サザエ科リュウテン属
旬	春
分布	北海道南部～九州

特徴

巻き貝で軟体は黒みがかっている。殻にトゲがあるものとないものがある。

魚屋流
おすすめの味わい方

殻をいかして盛りつけると豪華

殻に身を盛るときは、殻には汚れがあるのでしっかりと洗いましょう。家庭でつぼ焼きする場合は、先に下茹でし、醤油と酒をかけてアルミホイルをかぶせてフライパンで焼きます。茹でた身を出し、ぜい沢なうにバター焼きにするのもおすすめ。

さけ（しろざけ）

天然のさけは
身がやや筋肉質

日本人とさけの関わりは深く、縄文時代から食卓にのぼっていたという説もあります。

データ

分類　サケ科サケ属
旬　秋
分布　千葉県・山口県以北

特徴

体長80〜100cm。産卵前のメスの卵は筋子といい重宝されている。しろざけはべにざけとくらべ、身が薄いオレンジ色。

切り身を選ぶとき

皮がきれいな銀色で、鮮やかなオレンジ色のものを選んで。「甘塩」は塩分濃度３％の塩水で処理されたもの、濃度７％を「中辛」、濃度11％を「辛塩」といいます。

魚屋流
おすすめの
味わい方

日本人好みのアレンジ料理多数

天然もののさけは寄生虫のアニサキスがいる可能性が高いので生食は厳禁です。春から夏には若くて脂がのった「ときしらず」が産卵のために戻ってきたさけを「秋さけ」と呼び、脂は控えめですが、おなかに卵が入っていることもあります。筋子が手に入ったら、いくらの醤油漬けを手作りするのも楽しみのひとつです。

現在は輸入ものが多いですが、食卓に取り入れやすい魚なのでぜひ、さまざまな調理で楽しんでみましょう。

秋さけのアラ汁

アラと中骨に軽く塩をして焼き、みそ汁に加えて。汁に旨味がしみ出してコクがでます。

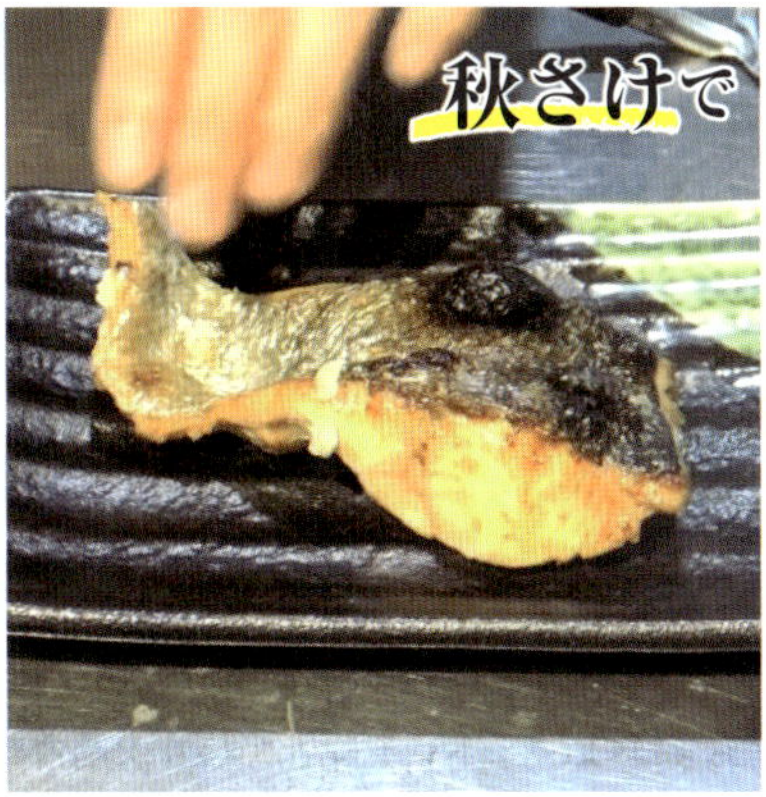

秋さけの塩焼き

秋さけの塩焼きは、脂は控えめながらもしっかりとした旨味が感じられます。身がふっくらしていてごはんが進みますよ。

レアカツサーモン丼

背中側の厚めのサーモンにバッター液をつけて揚げ、ごはんにのせて、餡をかけます。ボリュームがあり満足度が高いですよ。

サーモン親子丼

酢飯に薄切りの卵焼きを敷き、トラウトサーモンを並べ、ます子を敷き詰めました。適度に脂がのっていて、しっかりとした旨味を感じられます。

さけとサーモンの違いは？

日本でサーモンとして流通しているものは「トラウトサーモン（にじます）」で、養殖物の太平洋サーモンがほとんどです。養殖物はアニサキスが寄生することがないため、生で食べることができます。

さば（まさば）

「さばの生き腐れ」という通り足の早い魚として有名

大人気の魚！それゆえに、最近は資源管理の課題が話題にのぼるお魚です。

まさばとごまさばの見分け方

ごまさばは、ごまのような黒い点があります。また、背びれの数がまさばは9本、ごまさばは10～11本あります。

データ

分類　サバ科サバ属

旬　秋～冬

分布　日本列島近海

特徴

体長は50cm程度。背中が青緑色で黒い波のような模様がある。

魚屋流 おすすめの味わい方

寒さばの時期にはしゃぶしゃぶが最高

新鮮なさばであれば生でも食べることができますが、内臓に寄生虫のアニサキスがいることが多いので、火を通してから食べましょう。

秋～冬の旬の脂がのったさばが出まわる時期には、ぜひ、さばしゃぶにしてみてください。とろりと溶けるような脂が絶品です。

夏にいただくときは、塩をして冷蔵庫で少し休ませてから焼き、さばサンドにしてみました。焼くときには皮に十字の切れ目を入れておくと縮まずきれいに焼くことができます。

さばしゃぶ

脂ののった生さばをスライスし、出汁に通してしゃぶしゃぶに。ポン酢や柚子胡椒をつけていただきます。

さば寿司

ごはんにガリを混ぜた酢飯風混ぜごはんに、調味料につけて蒸し焼きにしたさばをのせたさば寿司。肉厚のさばの甘みがごはんの酸味にマッチ。

さばサンド

トーストしたパンに、オリーブオイルとにんにくで焼いたさばと、野菜をサンド。刻んだガリとマヨネーズを混ぜた酸味のあるソースが、さばの旨味を引き立てます。

さわら（本さわら）

仔魚は自分と同じ
サイズの獲物も食べるよ

関西方面では、さわらの身と一緒に真子や白子を食べる文化があります。

データ

分類	サバ科サワラ属
旬	春
分布	北海道南部以南

特徴

細い形から「狭い腹（さはら）」が語源とされている。出世魚で50cm前後までの若魚は「さごち」と呼ばれる。

魚屋流
おすすめの
味わい方

大きいサイズほど高級魚になる

「鰆」という漢字の通り、春の魚として有名です。大きいものが手に入ったら、刺身にしてみてください。とくに尻尾のほうの身はこりっとしておいしいといわれています。また、実は秋も産卵前で脂肪を蓄えているので、脂のりがよく、おいしいですよ。

さわらの揚げ出し

ひと口大に切ったさわらにたれをつけて揚げ、豆腐やしし唐と出汁に漬けて揚出しに。寒い日に最適です。

さわらの刺身と塩焼き

尻尾のほうの身の刺身はコリコリした食感。串を刺して塩焼きしたさわらは、脂が多くポン酢をかけて食べるとおいしいです。

さんま

栄養満点！
秋の味覚の代表格

さんまには胃や腸がなく、食べたものがすぐ排泄されるため、内臓までおいしく食べられます。

データ

分類	サンマ科サンマ属
旬	秋
分布	日本各地

特徴

体が細く銀色に光る。口が黄色いものが鮮度がよい証拠。冷凍ものもあるが、旬の秋は脂がのり、内臓までおいしく食べられる。

さんまの塩焼き
振った塩が染みこむと、おいしさが増すので、切り込みを入れてから焼きます。

さんまの刺身
頭と中骨を外して大名おろしにし、氷を入れた塩水で洗って皮を引きます。すだちを絞るのがおすすめです。

魚屋流
おすすめの味わい方

圧倒的においしい塩焼きを極めたい！

魚屋としては、最近の漁獲量の変動が気がかりではありますが、長年家庭の味を支えてきた魚です。出始めの新さんまは、脂が控えめなので、刺身でさっぱりと食べるのがおすすめです。定番の塩焼きは、塩をして丸ごといただき、内臓も楽しみましょう。

しいら

クセのない味わいが特徴。夫婦で行動することが多く、オスが釣れると同じ網にメスが一緒についてきます。

日本ではまだあまり馴染みのない高級魚

メス

データ

分類　シイラ科シイラ属

旬　夏

分布　全国の沿岸域、世界の温帯・熱帯域

特徴

生きているときはエメラルドグリーンの体色だが死後数分で消えてしまう。ハワイでは「マヒマヒ」と呼ばれ高級魚とされている。

ハワイで食べたフィッシュ＆チップスの味が忘れられない！

魚屋流
おすすめの味わい方

淡泊な白身魚で作るイギリスの伝統料理

漢字で魚編に「暑」と書く通り、夏が旬のしいら。体が大きいので、3枚におろして皮を引き、フィッシュ＆チップスにしました。身がかためなので、身くずれなく揚げることができます。夏にぴったりな一品に仕上がります。

フィッシュ＆チップス
塩こしょうと打ち粉をして、こんがりと二度揚げ。身がふんわりしていて衣がサクサクです。

しらす

魚種によって
違った味わいを楽しめるよ！

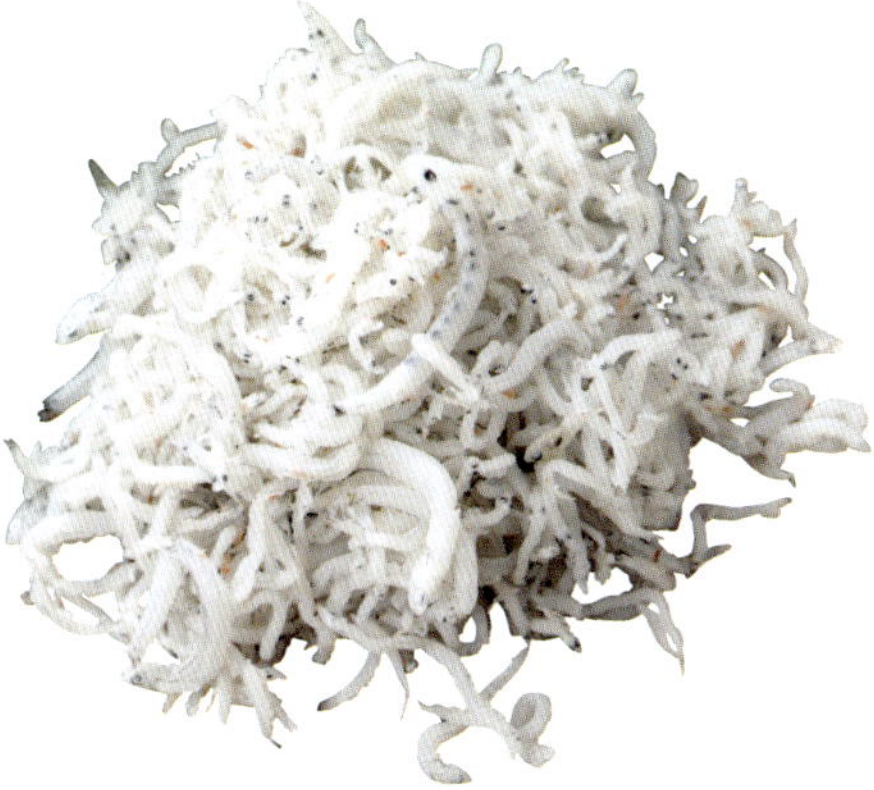

しらすはいわしの稚魚のことを指し、まいわし、かたくちいわし、うるめいわし全部の稚魚を「しらす」といいます。

梅入りなめたけ
カットしたえのきたけとしらす、梅干しに、醤油、みりん、酢をかけて電子レンジでチン。おつまみにもお弁当にも◎。

データ

旬	春～秋
分布	日本周辺・中国・台湾・朝鮮半島沿海

※かたくちいわしを主な原料とすることが多い。ほかにもまいわし、うるめいわし、いかなごなどが原料とされることも。

魚屋流
おすすめの味わい方

困ったときのつまみにはしらすが便利！

ふんわりとした食感の釜揚げしらすは、スーパーなどでもよく見かける身近な食材です。いわしの種類によって旬はさまざまですが、通年食べられるので、手軽にできるおつまみをいくつか覚えておくと、重宝します。

すずき

夏は洗いにすると
身が引き締まるよ！

漁獲量が日本一の千葉では、年間およそ2000トンもの水揚げがあり、なじみの魚。

データ

分類	スズキ科スズキ属
旬	春～秋
分布	東北から九州までの沿岸域

特徴

黒っぽい銀色で光沢がある。関東では出世魚で、約30cm 以下を「せいご」、60cm くらいまでを「ふっこ」、それよりも大きなものを「すずき」と呼ぶ。

すずきの洗い
冷たい氷水で身をきゅっと締めた洗い。もみじおろしや酢みそで食べるのがおすすめ。身に甘みを感じられます。

すずきのお吸い物
アラに塩をして霜降りして酒、塩、醤油で味をつけて潮汁に。コクがあって美味。

魚屋流
おすすめの
味わい方

すずきの洗いは夏にぜひ味わいたい

すずきには、浮袋があるので包丁でとり除いて三枚おろしにします。夏の代表的な魚なので、ぜひ、さっぱりとした洗いに。氷水の中で冷やしたら、しっかりと水気をとりましょう。身が縮んで独特の味わいを楽しむことができます。

するめいか

干物のするめいかの原料となるほか、塩辛や揚げ物の材料にもなるオールラウンダー。

データ

分類	アカイカ科スルメイカ属
旬	通年
分布	東シナ海からオホーツク海までの日本列島周辺

特徴

体長約30cmほどになる。鮮度が落ちると体が白くなるため、濃い茶色のものを選ぶとよい。新鮮なものは刺身やいかそうめんにも向くが、寄生虫のアニサキスがいることがあるので生食は注意。

自家製いかの塩辛

仕上げにごま油やみりんを少し入れるとコクが出ておいしい。お茶漬けにしても。

いかじゃが

いか、玉ねぎ、じゃがいもを煮た一品は肌寒い時期にぴったり。ごはんとの相性抜群です。

魚屋流
おすすめの味わい方

肝もくちばしも捨てるところなし

新鮮なするめいかが2～3杯手に入ったら、ぜひ肝も使って自家製の塩辛（P23参照）を。半日寝かせると味がなじみます。また、口ばし（とんび）は何個かを串に刺して塩焼きにするのもおすすめです。近年は不漁で値上がりしていますが、食卓にはかかせない存在です。

たい（まだい）

幅広い料理に
使うことができるよ！

季節を問わずおいしく食べられる、おめでたい席の必需品です。

データ

分類	タイ科マダイ属
旬	春
分布	北海道以南

特徴

背のほうが盛り上がっている「鯛型」と呼ばれる形状で、背びれの近くに斑紋の柄が見られる。鼻の穴が2つに分かれているものは天然で、1つにつながっているものは養殖とされる。

魚屋流
おすすめの味わい方

丸ごと使用で味わい深く

丸ごと一尾使って、本格的でありながらかんたんなアクアパッツァに。身は切り分けずにそのまま使うことで、頭や腹から上質な出汁が出て、ワンランク上の味わいに仕上がります。うろこはビニール袋を被せて処理すると跳ねずにとれます。

たいのアクアパッツァ
頭つきで中骨を残して調理する。ハサミを使うとさばくのがかんたんに。

たいのパスタ
アクアパッツァの残りをパスタソースにアレンジ。スープにしっかりたいの味がついているため、身がほぼ入っていなくても絶品。

たいらがい

実物を見ると
とっても大きい！

たいらがいの殻を開けると、大型二枚貝を住処としている「かくれえび」が高確率でいます。

データ

分類	ハボウキガイ科クロタイラギ属
旬	冬〜春
分布	東北地方以南、東南アジアからインド洋にかけての温・熱帯域

特徴

殻の長さは35cm、高さは25cmほどまで大きく成長する大型種。

魚屋流
おすすめの味わい方

大型だけど大味ではない！

たいらがいの貝柱を刺身とバター炒めにしていただきました。薄皮はさばく際にしっかりとり除きます。貝柱は切り方で食感が変わるので、繊維に対して平行と垂直、２パターンで用意。バター炒めには貝ひもも一緒に入れました。

たいらがいのお造り
繊維に対して垂直に切るとやわらかく、平行に切るとシャキシャキした食感に。

たいらがいのバター炒め
貝ひもは生食には適さないため、一緒にバター炒めにして食べました。貝柱よりコクがあり、コリコリとした食感を楽しめます。

たかあしがに

スーパーモデルのような
なが〜い脚！

深海に棲む巨大かには、大きさだけでなく味も抜群！

データ

分類　クモガニ科タカアシガニ属
旬　　春
分布　岩手県〜九州西岸

特徴

静岡県沼津市の特産品で、世界最大級の大きさを誇るかに。水深およそ200〜500mに生息し、大きなものでは3m以上になることも。さっぱりとした味わいが特徴で、乱獲防止の漁獲規制がしかれている。

たかあしがにの蒸し＆焼き
蒸すとプリプリ食感、焼くと甘みが際立った味わいを楽しむことができます。

**たかあしがには
茹でてはいけない！？**

たかあしがには調理法が難しい食材としても有名です。茹で方を間違えると身が溶けてしまうこともあるため、家で調理するときは茹でる以外のやり方で食べたほうがよいでしょう。

魚屋流
おすすめの味わい方

蒸し＆焼きで本来の旨味を味わって

たかあしがにの身は茹でると水っぽくなってしまうので、焼きと蒸しで調理しました。こうすることで旨味を凝縮することができます。身をしっかり食べたい場合は、肩肉ごと使います。かにみそをつけていただくと絶品です。

たこ（まだこ）

1本の脚に200個以上の吸盤があるよ！

日本は世界で最もたこを食べている国といわれています。

データ

分類	マダコ科マダコ属
旬	夏
分布	岩手県と能登半島以南、日本各地

特徴

たこの身は大きいほうが味もいいとされる。鮮度がいいものは身に弾力があり、押すと色が変わる。輸入したたこは茹でると鮮やかなピンク色になるのに対し、国産のたこは色も香りもあずきのようになる。

たこ飯

たことたけのこ、スライスしたしょうがを、米と一緒に炊き上げました。たこの出汁が出ておいしい。

たこのみ焼き

たこ焼きとお好み焼きの間の子のような料理。薄切りのたこがたっぷりでおつまみに最適。

魚屋流 おすすめの味わい方

手間なく作れるメイン&おかず

茹でても刺身でもおいしいですが、今回はたこ飯とたこのみ焼きに挑戦。どちらも下処理の際、あらかじめ内臓を処理して塩もみし、しっかりとぬめりをとっておきましょう。たこ飯は具材と調味料を米とあわせて一緒に炊き上げて完成。やわらかな食感で美味。

たちうお

加熱すると旨味がグッと増すのが特徴です。

卵も絶品

夏〜秋ごろのたちうおは卵を持っていることも。煮つけや塩漬けなどにして食べることができ、身とは違ったおいしさを感じられます。

データ

分類	タチウオ科タチウオ属
旬	夏
分布	北海道以南

特徴

背びれや目の色が透明に近いものを選ぶとよい。皮にはうろこがなく旨味が強いため、刺身にするときは皮つきのまま使用する。体表の銀色を生み出す成分は、かつて模造真珠をつくる際に用いられていたことがある。

魚屋流
おすすめの味わい方

食べ方を選ばない淡泊な味わい

日本でも多くの人に好まれる魚で、国産のほか東南アジアなどからの輸入品も数多く出まわる、たちうお。そんな人気の魚を使い、蒲焼重、押し寿司、天丼を作りました。

たちうおの身は大きいので、蒲焼きには片身で十分。油を多めに敷いたフライパンで、皮目からパリッと焼きます。

押し寿司には小さめのたちうおが使いやすいです。きちんと身をとれば、それなりの量が作れます。天丼を作るときは粘りが出ないよう、卵液を混ぜすぎないのがポイント。中骨も油でカラッと揚げ、塩を振ればおかずにぴったり。

たちうおの蒲焼重

まずはそのままいただき、次に薬味をのせて、最後はお茶漬けに。名古屋流のひつまぶしスタイルでいただきます！

たちうおの押し寿司

たちうおのように白身で脂がのっている魚は、どんな食べ方をしても絶品！ 冷めてもおいしく食べられます。

シャリの分量がポイント

押し寿司を作るときはシャリの形を整えてからネタをのせます。シャリは気持ち少なめのほうが形がきれいになります。

たちうおの１本天丼

たちうおは丸まらないように端のほうを持って揚げると美しい仕上がりになります。衣を上からつけ足しながら揚げるとサクサクになります。

骨まで楽しめる

中骨も一緒に揚げました。カリカリの食感はもちろん、塩で味つけすればおつまみにも最高です。

たら（まだら）

脂質が少なく
低カロリー！

皮のぬめりは金たわしや粗めのスポンジで擦ると落としやすいですよ。

データ

分類	タラ科マダラ属
旬	冬
分布	関東以北の太平洋岸や日本海

特徴

たらの身は水分が多く鮮度が落ちやすいため、多少値が張っても鮮度のよいものを選ぶのがおすすめ。白子のあるオスはとくにおいしく、国産のものであれば生食も可能。鍋にも最適。

たらの鍋

出汁と酒のみの鍋つゆで鍋にし、ポン酢につけていただく。身がホロホロで美味！

白子の磯辺焼き

バターで蒸し焼きに。蒸し上がったら醤油を絡め、火を止めてのりを巻きます。

魚屋流
おすすめの味わい方

世界で食べられる冬の定番食材

たらといえば鍋物の定番です。頭をとって背と腹に分けた身は、骨付きのまま使うと出汁が出て美味。白子は塩水で洗い、筋をとり除いて霜降りしてから使います。白子は鍋のほか、バターで焼いて磯辺焼きにしてもおいしいですよ。

たらばがに

大ぶりの身は
食べごたえ満点！

たらばがにはヤドカリの仲間で、通常かにはできない前歩きができます。

データ

分類	タラバガニ科タラバガニ属
旬	冬
分布	日本海、オホーツク海

特徴

殻がやわらかいものは脱皮したばかりの個体であることが多く、身の詰まりが悪いため選ばないほうがよい。全体に大きさがあると十分に育っている証拠。味はオスのほうがよい。

たらばがに飯
たらばがには身の味がさっぱりしているので、殻まで使って風味づけします。

たらばがにフライ
カリカリの衣がふわふわ＆ジューシーな身を際立たせる絶品フライ。

魚屋流
おすすめの味わい方

一匹使ってパーティーメニューに

魚屋が最もおいしいという肩肉「ガキ」はかに飯に、ほかの部位はかにフライにしました。殻からもいい出汁が出るため、かに飯を作るときは殻ごと炊き上げます。かにフライは身を茹でてから使うため、揚げる際は軽くでOKです。

とびうお

海空両用!?
珍しい飛べる魚

とびうおは臭みがあるので、酢を入れた水で行う「酢洗い」をするとよいでしょう。

とびこのクリームパスタ
とびこは食用色素を使って色をつけると、テーブルが華やかになります。

とびうおのたたきと刺身
特徴的な頭やひれを飾りに使って盛り付けました。酢洗いで身が締まってプリッとした食感。

データ

分類	トビウオ科ツクシトビウオ属
旬	春
分布	南北海道以南

特徴

天敵に追われると尾びれを振って400mほど飛ぶ。干して「あごだし」に使われる。

魚屋流
おすすめの味わい方

身と卵で食感の違いも楽しんで

とびうおの身は刺身とたたきに、卵のとびこはクリームパスタの具として使いました。生食用の身は皮をひいて、酢洗いします。とびこは塩漬けにして丸一日乾燥させ、使う前に水洗いします。とびこの塩気が加わりクリームパスタがよりおいしくなります。

とらふぐ

市場の相場は一尾数万円からという高級魚。値段に恥じない旨味があります。

データ

分類	フグ科トラフグ属
旬	冬
分布	日本各地の沿岸

特徴

「身欠き」という毒をとり除く処理をしたあとのものを買うのが一般的。身がふっくらしているものを選ぶとよい。冬が旬で、この時期のふぐは白子も楽しまれる。最近は天然の漁獲量が減り、養殖が多く流通。

ふぐ刺し（てっさ）
ぷりぷりの身は厚切りでも美味。大葉やねぎ、もみじおろしなどの薬味を添えていただきます。

ひれは ひれ酒として楽しめる

身と白子のほか、ひれまで味わえます。ひれ酒は熱燗にひれを入れて蒸らすだけと作り方もかんたんで、ふぐ刺しなどの料理との相性も言わずもがな。大人ならぜひ一度はセットで楽しみたい組み合わせ。

魚屋流
おすすめの味わい方

内臓と血の取り扱いには要注意！

大きな養殖ふぐが手に入ったので刺身にしました。ふぐをさばくには「ふぐ調理師」免許の保有が義務付けられていますが、ふぐには白子と真子があり、後者は食べることができません。また、ふぐは血にも毒があるため、きれいに洗い流す必要があります。

とりがい

東京湾で取れる高級な寿司ネタ。足が黒いものがより高値で出まわっています。

とりがいの握り

食感がよく甘みや旨味も感じることができ、ぺろりといただける味わいです。

とりがいのバターソテー

紐と身の食感の違いを楽しめます。加熱調理には冷凍のとりがいを使ってもよいでしょう。

データ

分類	ザルガイ科トリガイ属
旬	冬
分布	本州以南の日本各地

特徴

秋から春までが旬とされているが、時期を問わず周年出まわっている。におったり汁が出ているものは避け、身につやがあって肉厚なものを選ぶ。

魚屋流 おすすめの味わい方

肝まで余さず食べられる

高級な寿司ネタとして知られるとりがいは、握りと、あまった身をバターソテーにしました。握り用の身は茹でてから、開いて肝を取っておきます。バターソテーは肝つきのまま、握りであまった紐も一緒に使いました。

Column 03

魚屋さんの釣り日記

これまでにさまざまな土地で釣りにチャレンジしてきました。
悪戦苦闘しながらも、元気な魚達に出会えて感動です！

2023年10月22日　福島県 相馬

巨大ひらめ釣り

船にのり、大きなひらめを釣り竿で引き上げました。何と糸を海に落としてから40秒でヒット！　82cmほどの大きなサイズのひらめです。この日はひらめ3匹のほかに、おきめばるも釣れました。

2023年7月11日　静岡県 浜名湖

たきや漁

夜の8時くらいに船にのりモリをつく練習をしてから開始。狙うは高級魚こち！海は澄んでいて海の中が見やすかったです。くろだい、ひらすずき、そして念願のこちを釣ることができました。

2023年6月7日　アラスカ シトカ

キングサーモン釣り

アラスカ出張の際に、キングサーモン釣りへ行きました。とても大きなキングサーモンは引きが強く大変でしたが、釣れたときの喜びはひとしお。船の上ですぐに内臓をとって冷やしました。この日はおひょうも釣れ、貴重な体験になりました。

Column 04

名前の変わる出世魚

稚魚から成魚まで成長にともなって名前が変化する魚は、
縁起がよいとされ、お祝いなどに食べられます。

ぶり

おいしいのは40cmを超えてからといわれ、体が太っていてもいなだは脂が少なめなことが多いです。地域によって呼び方が異なるのもおもしろい。

関東	わかし（〜20cm）→いなだ（20〜40cm）→わらさ（40〜70cm）→ぶり（70cm〜）
関西	つばす（〜20cm）→はまち（20〜40cm）→めじろ（40〜70cm）→ぶり（70cm〜）

すずき

夏が旬のすずき。名前の由来には血合いがほとんどなく“すすい”だように身が白くみえることから、または「すすき（進む）」など諸説あります。

せいご（15〜18cm）→ふっこ（35cm前後）→すずき（60cm〜）と成長する。
15cm以下を「こっぱ」や「せっぱ」「はくら」と呼ぶ地域もあります。

ぼら

ぼらは縁起物の魚として親しまれ、成長すると「とど」になります。また、ぼらの卵巣はからすみとして重宝されます。

はく（2〜3cm）→おぼこ・すばしり（5〜18cm）→いなっこ（10〜25cm）→ぼら（30〜50cm）→とど（50cm〜）と呼びます。「とどのつまり」という言葉の語源はここから。

にしん

数の子はにしんの卵！

数の子や干物などはスーパーでもよく目にしますが、実は国産の身は貴重。

データ

分類	ニシン科ニシン属
旬	春
分布	茨城県以北、北太平洋

特徴

「春告魚」とも書くように、旬は春。目で鮮度を知ることができ、古くなると赤くなる。身にハリがあり銀色のものを選ぶとよい。国産も出まわっているが、アメリカやロシア、中国などからの輸入物が多い。

にしんの刺身
しょうがと醤油でいただきます。いわしよりも濃い旨味を感じられます。

数の子の塩焼き
塩焼きはそのまま食べても、刺身とあわせてお茶漬けにしてもおいしいですよ。

魚屋流
おすすめの味わい方

国産にしんは鮮度を活かして

国産のにしんは鮮度がよいものが多いので、刺身にします。数の子は塩焼きにしましょう。刺身は腹骨と皮をとり、細切りにすると、小骨を気にせず食べることができます。数の子はしっかりと塩を振って焼きます。

のどぐろ（あかむつ）

「あかむつ」が正式名称。むつとは別の魚で、むつより高値がつきます。

データ

分類	ホタルジャコ科アカムツ属
旬	秋〜冬
分布	北海道以南

特徴

秋〜冬が旬とされているが、市場には通年出まわっている。「白身のトロ」といわれることもあり、脂ののった身質を楽しめる。また、各地で干物も作られており、こちらも絶品！　新鮮なものはより赤い。

魚屋流
おすすめの味わい方

骨ごと使って出汁をとる

高級魚として名高いのどぐろは、刺身でも焼いても美味ですが、ぜい沢にパエリアを作りました。身は開き、骨がついたまま使います。身がほろほろとしていてやわらかいため、炊き込みご飯にしてもおいしいです。

のどぐろのパエリア
のどぐろの脂を十分に味わえて美味。干物を使うと焼く手間が省けて便利です。

のどぐろは のどの奥が黒い!?

のどぐろは漢字で書くと「喉黒」で、名前の通り口の中をのぞくと喉が黒っぽい色をしています。「のどぐろ」はもともと山陰から日本海側の地方での呼び名で、人気がでるのにともなって全国的に浸透しました。

ばしょうかじき

鹿児島県では「秋太郎」とも呼ばれ、秋の味覚として親しまれています。

データ

分類	マカジキ科バショウカジキ属
旬	秋〜冬
分布	新潟県と宮城県以南の日本沿岸から沖合、インド・太平洋の熱帯・亜熱帯・温帯域

特徴

大型種で、大きいものでは体長3mに達するものも。脂肪が少ない赤身が特徴で、刺身のほか、塩焼きや唐揚げなど加熱調理して食べてもおいしい。泳ぎが得意で、最高速度は時速100kmを超える。

ばしょうかじきのカルパッチョ
オリーブオイルをまわしかけ、ハーブ塩でかんたんに味つけ。

ばしょうかじきの南蛮焼き
脂がのった身は南蛮焼きにしてもしっとりおいしい。ソースをたっぷりつけて。

魚屋流
おすすめの味わい方

オイルやハーブ塩でシンプルにいただく

とがった吻（ふん）が特徴的なばしょうかじきは、締まりのある身質が特徴。今回はカルパッチョと南蛮焼きにしました。頭をとり、身を腹と背に分け、腹をカルパッチョ、背を南蛮焼きに使用、味つけは魚らしさを感じるようシンプルにしました。

はたはた

うろこや浮袋がない！

秋田の郷土料理に欠かせない食材。卵もコクがあって美味。

データ

分類	ハタハタ科ハタハタ属
旬	冬
分布	東北を中心とした日本海

特徴

産卵期で卵を持ちはじめる10月中旬ごろからが旬で、冬場がとくに高値で出まわる。鮮度が悪くなると体の色が落ちてくる。味わいのよさが特徴。卵は未成熟のもののほうが旨味をより強く感じることができる。

はたはたの手羽先

下味はつけずに揚げ、醤油2：みりん1のたれを絡めて白ごまを振ります。尻尾まで美味！

魚屋流 おすすめの味わい方

「手羽先風」がドハマりするおいしさ

秋田県の郷土料理「しょっつる鍋」で知られるはたはたですが、名古屋ならではの手羽先を作ってみました。うろこがなく骨も小さいうえ、内臓もほぼないため、そのまま調理してOK。見た目も手羽先風にするため、頭はとり除きます。

身が肉厚でふわふわ！
ひれも尻尾も食べられて
とってもおいしかったです

はちびき

「赤さば」とも呼ばれますが
さば科ではありません

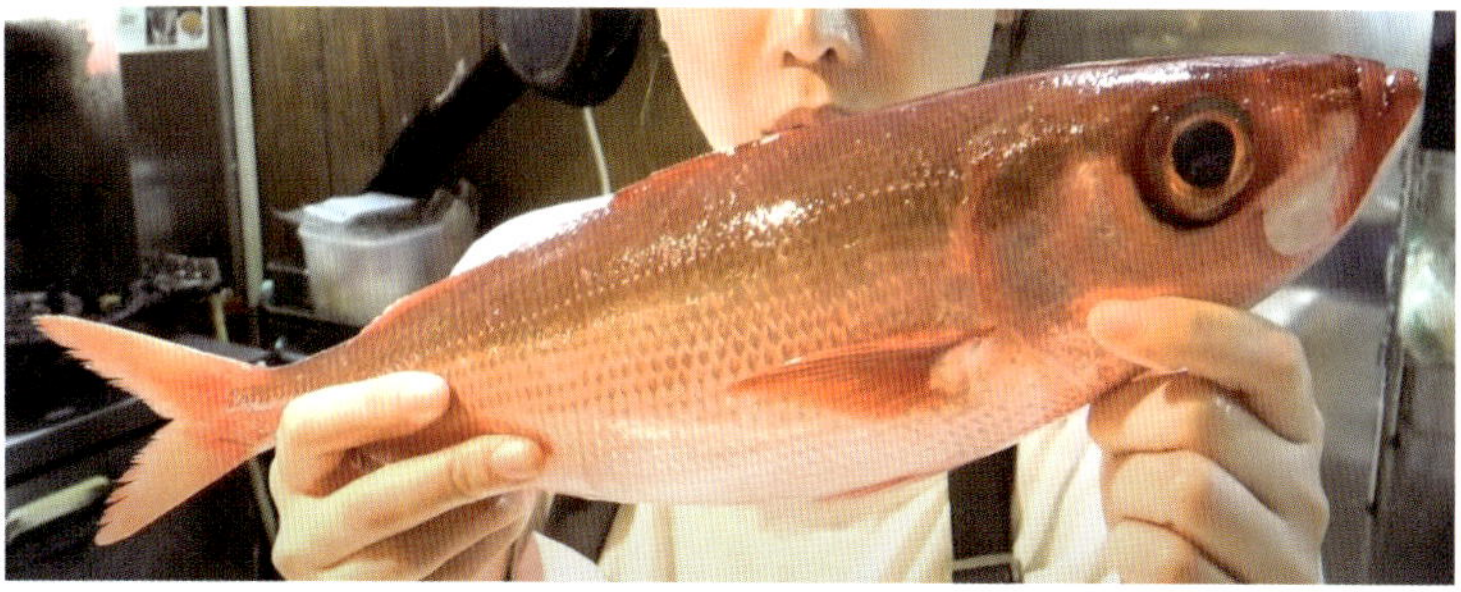

うろこと同様、真っ赤な身をしていますが、白身魚です。

データ

分類	ハチビキ科ハチビキ属
旬	通年（春～秋、冬～初夏諸説あり）
分布	南日本

特徴

比較的あたたかい所で獲ることができる南方系の魚。体長50～60cmほどで、筋肉質な身は脂ののりもよく、とてもおいしい。身質はまぐろやぶりに似ているといわれることも。

はちびきの刺身
醤油につけると脂が浮いてくるほどジューシー。もっちりしていてコクがあります。

はちびきの塩焼き
皮目の脂が塩焼きを引き立てます。レモンを搾って食べるのがおすすめ。

魚屋流
おすすめの味わい方

もっちり食感と脂の味わい、両方楽しんで

ルビーを思わせる真っ赤な体色が美しいはちびきは、その色みまで楽しめる刺身と、脂の甘みを味わえる塩焼きにします。どちらも下処理で腹骨をとり、皮を引きます。塩焼きは皮目のほうからパリッと火を通します。

ばふんうに

馬糞に似ていることが
名前の由来……

非常に味がよいことで有名。相模湾以南に多く生息し、産地周辺でのみ流通します。

データ

分類	オオバフンウニ科バフンウニ属
旬	春
分布	東北地方から九州、朝鮮半島、中国の沿岸

特徴

身は1～2cm程度と小粒なわりに、どっしりと濃厚な味わいがあり、コク深い。ばふんうにはとげが短く、身は濃いオレンジ色をしている。ばふんうにのなかでも、とくに「えぞばふんうに」が高級といわれる。

魚屋流
チャレンジメニュー

うにの濃厚な味わいをスープに溶かして

高級食材「ばふんうに」を、ラーメンに使ってみました。さらに、そのスープをリゾットにしていただきます。殻からとり出した身は塩水で洗ってから使います。ラーメンスープに使うみそは、うにの味を邪魔しないよう白みそにしました。

うにラーメン
スープにうにの旨味が溶けて、風味やまろやかさを余すことなくいただけます。

ばふんうにのリゾット
上のラーメンスープの残りに玄米を入れ、スライスチーズをのせて焼きました。

はまぐり

夫婦円満の象徴

日本ではお祝いの席などでよく食べられますが、実は国産品は少ないんです。

データ

分類	マルスダレガイ科ハマグリ属
旬	春
分布	北海道南部～九州

特徴

きれいな三角形の貝殻には厚みがあり、光沢がある。はまぐりの貝は対のものとしか噛み合わないことから、結婚式など祝いの席でよく出される。

魚屋流
おすすめの味わい方

出汁に溶け出した旨味まで味わい尽くす

大きなはまぐりは、しゃぶしゃぶでいただくのがおすすめ。はまぐりは表面を洗い、塩水に漬けて砂抜きをします。しゃぶしゃぶの出汁はアクをきれいにとることで、えぐみのない味わいになります。締めはぜひ、出汁を使ってそうめんに。

はまぐりのしゃぶしゃぶ
しゃぶしゃぶに使う出汁は、アクを取って火を止めてから濾すと雑味がなくなります。

はまぐりそうめん
しゃぶしゃぶの出汁を濾してきれいにし、再度沸かしてそうめんを入れます。

はも

オスよりもメスのほうが味がよいとされています。オスのはもは「あおはも」と呼ばれることもあります。

データ

分類	ハモ科ハモ属
旬	夏
分布	新潟・福島以南

特徴

あたたかい季節が旬で、とくに梅雨入りから7月ごろまでのメスがおいしいとされている。身が薄い黄褐色で透明感のあるものを選ぶとよい。はもは骨が多いためさばくのが難しい魚として知られている。

はもの蒲焼丼
まわりがしっかり焼けていて、身のプリプリ感とのギャップが絶品！

はもの白焼き
骨切りをしっかりしておくと、骨が口に当たらず食べやすくなります。わさびをつけて。

魚屋流
おすすめの味わい方

細かく包丁を入れて「骨切り」する

非常に荒々しい性格の魚であるはもは、夏を代表する高級魚。骨が多くさばくのがとても難しい魚です。骨切り（はも切り）という小骨に包丁を細かくいれる（約3・3㎝で、24〜26回ほど）包丁テクニックが必要になります。この骨切りをすることで舌触りがよくなります。

ひらすずき

すずきと同じ種類の魚ですが、ひらすずきのほうが流通量が少なく高値がつきます。

データ

分類	スズキ科スズキ属
旬	秋～冬
分布	房総半島および福井県以南、九州以北の沿岸

特徴

房総半島から九州にかけて生息する魚。よく似ているとされるすずきとは、体高、顔の大きさ、尻尾の太さ、長さで見分ける。血合いが少ないため生臭さやえぐみはほとんどなく、非常に淡泊な味わいが特徴。

ひらすずきの刺身
脂ののりがよく、濃厚かつ上品な味わいで、もっちりした食感を楽しめます。

ひらすずきの塩焼き
火を通すと弾力のある肉質に。皮の下の脂身が絶品！　食べごたえがあります。

魚屋流
おすすめの味わい方

ふわっとした身質を楽しめる塩焼きに

ひらすずきは流通量の少ない、珍しい魚で、料亭でも使われる高級魚です。刺身と塩焼きでいただきます。やわらかい身は3枚におろし、腹骨をとります。刺身用の身は皮を引きましょう。塩焼き用の身には、軽く塩を振って焼きます。

ひらまさ

ぶり、かんぱちと並んで
ぶり御三家の一種

アジ科の魚の中でもっとも大きく成長する種類で、ぶりに似ています。

データ

分類　アジ科ブリ属
旬　　夏
分布　北海道～九州までの各地

特徴

1m 前後まで成長する魚で、アジ科では最大級とされる。頭とひれをつなぐ黄色いラインが特徴的だが、稚魚のころは違う模様をしている。ひらまさは初夏のころが旬で、脂身は少なく旨味が強い。

ひらまさの刺身
背と腹で脂の量が違うため、同じ魚でもまったく違った味わいに。

「ぶり」と「ひらまさ」の見分け方

ひらまさとぶりの違いは口角をチェックします。ぶりはキュッと上がっていますが、ひらまさは丸いんです。また、ぶりはシャープな体で色が青やシルバーっぽく、ひらまさは平らな形で色が黄色っぽいのが特徴です。

魚屋流
おすすめの
味わい方

身質をいかして刺身でいただく

脂がのっていそうなひらまさが手に入ったら、刺身にしましょう。頭を落とし、ひれと尻尾もとります。小さくてかたいうろこは「すき引き」という方法で処理します。刺身はカルパッチョにしてもおいしいですよ。

ひらめ

透き通った身が美しい！

うろこが小さいので、皮をすき引きでとり除きます。

データ

分類	ヒラメ科ヒラメ属
旬	秋〜冬
分布	千島列島以南から南シナ海

特徴

体は薄く平たくて、両目が左側に寄っている。また、口が大きく、鋭い歯が並んでいる。

魚屋流
おすすめの味わい方

白身魚の刺身は最上級の味わい

日本で古くから親しまれてきた魚で、天然のものは腹側が白く、養殖ものは腹に黒い点がみられます。刺身は白身魚の中でも非常においしいです。

釣りでとても大きなひらめを入手できたので、名古屋風手羽先にしてみました。

ひらめの手羽先風
身を揚げて甘めのたれをからめました。身がしっとりふわっとしていて、おいしいです。

刺身はもちろん昆布締めにしてもおいしいですよ！

びわます

琵琶湖の宝石と評される
美しい銀色のボディ

クセのない味わいで、生食でも加熱調理してもおいしくいただけます。

データ

分類	サケ科サケ属
旬	夏
分布	琵琶湖

特徴

琵琶湖にのみ生息することから、この名前に。「淡水のトロ」と表現されることもあるびわますは、あっさりしつつも上質な脂が特徴の魚。こあゆやわかさぎをえさにすることで、身が肥えて旨味もより濃厚になる。

びわますの握り
ぷりぷりした食感と臭みのない身質が最高。醤油はもちろん、ポン酢もあり。

びわますの刺身
エレガントな脂質を堪能できるのが、刺身。醤油でいただくとリッチな味わいです。

魚屋流
おすすめの味わい方

上質な脂は刺身と握りで味わう

新鮮なびわますが手に入ったので、刺身と握りを作りました。うろこを引いて頭をとり、腹を開いて内臓を出します。皮を引き、身を切り分けたら完成。握りは炙っても美味。ひと手間アレンジを加えてみました。

Column 05

私の包丁コレクション

魚の種類や大きさ、身のくずれやすさなどを考慮しながら、
毎回包丁を選んで使っています。私のよく使う包丁をご紹介します。

右から5番目は
大好きなクジラ形包丁。

出刃包丁のほか、牛刀、魚種による専用包丁、貝開けなど。

女性なので小ぶりで軽いものが
扱いやすくて便利です。

マイ包丁をセットにして揃えています

魚によって、骨がかたいもの、身が厚いものなど体型がさまざまなので、どんな魚に出会ってもよいようにスタンバイしているのが上の包丁達。一番大きな日本刀のような包丁はまぐろ専用のもの。右から4つ目はうなぎの目刺しです。和包丁の出刃包丁もありますが、洋包丁の牛刀も先が細いのでさばきやすく重宝しています。

ぶり

出世魚の代名詞！
80cm を超えてからが「ぶり」

出世魚であるぶりは、古くから伝統行事などでも親しまれてきました。

市場の平均は8kg。
14.5kgと超特大の
ぶりに出会いました！

データ

分類	アジ科ブリ属
旬	冬
分布	日本各地

特徴

天然ものは冬が旬だが、養殖ものは季節を問わず流通している。えらが鮮やかな赤色をしていて、全体にハリがあるものを選ぶとよい。「ぶり3種」として語られるかんぱちとひらまさは、ぶりと違って夏が旬。

魚屋流
おすすめの味わい方

皮目やアラの旨味も無駄なく使う

「寒ぶり」と呼ばれるほど、冬に旬をむかえるぶりは脂がのり、味がよくて絶品です。

刺身で食べるのはもちろんおいしいですが、脂がのりすぎているとちょっとくどく感じてしまうことも。そんなときはしゃぶしゃぶにするのがおすすめです。とくに皮目に脂肪が多くついているので、しゃぶしゃぶにするときには皮つきのまま行うとよいでしょう。

また、同じ冬に旬を迎えるだいこんとの相性は抜群。ぶりだいこん（P20参照）で楽しみましょう。アラが手に入ったらぜひ、一緒に加えましょう。

豆乳ぶりしゃぶ

普通の出汁でのしゃぶしゃぶもおいしいですが、豆乳ぶりしゃぶにしてみました。ぶりの上質な脂が豆乳とマッチ。だいこんおろしを加えてみぞれ鍋風にしました。

ぶりごはん

フライパンでぶりの照り焼きを作り、ごはんと混ぜます。のりで巻いて食べたり、お茶漬けにしても美味。たれに隠し味で酢を入れることで臭みをオフ。

ぶりだいこん

完成後に少し寝かせることでぶりの脂がだいこんにも染みわたり、食感もやわらかくなります。

ぶりの胃袋の炒め物

さばいたときに出てきた胃袋を茹でてから塩でぬめりをとって水抜きしてから炒め物に。おつまみに最高です。

ほうぼう

大きな胸びれが
蝶のよう

胸びれの付け根に3本のトゲがあり、
足として使って海底を移動します。

データ

分類	ホウボウ科ホウボウ属
旬	冬
分布	北海道以南

特徴

ほうぼうの身は旨味が非常に強く、生はもちろん、煮ても焼いてもおいしい魚。アラからもいい出汁がとれるため、汁物にしても絶品。

ほうぼうの刺身
半身だけでもかなりボリューミー！　ぷりぷりの身は食べごたえ抜群。

魚屋流
おすすめの味わい方

鮮度がよく脂ののった身は刺身で

鮮度がよく身がぷりぷりなほうぼうは刺身に。さばく際、かまと骨からはよい出汁が出るため、汁物に使えるように捨てずに保存しておきましょう。刺身にするため、骨抜きはしっかり行うようにしましょう。

頭は一緒に
みそ汁に入れて
出汁をとりました！

ほっけ

干物が多いですが
実は鮮度がよければ
生でも食べられます！

干物として流通しているのは、ほとんどが「きたのほっけ」です。

データ

分類	アイナメ科ホッケ属
旬	春、秋　※諸説あり
分布	関東以北の太平洋、新潟県以北の日本海からオホーツク海

特徴

春、秋と旬が二度あり、時期によって味わいが異なる。鮮度が落ちやすいため、身にしっかりとかたさのあるものを選ぶとよい。えらのあたりを触ってみて、ぬめりのあるものは脂がのっている証拠。

ほっけのフライ
ほくほく、ほろほろな食感。中からジュワーッとあふれる脂がジューシーで美味！

ほっけとあいなめは親戚同士

ほっけとあいなめは、どちらもアイナメ科の親戚同士。尻尾の形で見分けることができ、ほっけの尻尾には深い切れ込みが入っています。

魚屋流
おすすめの味わい方

基本的には加熱調理を

水揚げ地では刺身で楽しむことができますが、鮮度が落ちやすい魚のため、基本的には加熱して食べます。さばいて皮を引いたら、干物にしてから焼いて食べたり、切り身をフライにするのがおすすめです。

ほや

味覚の全要素を
ほやひとつで刺激できる！

コリコリとした歯ごたえが特徴で、うにと似た独特な香りがあります。

データ

分類	マボヤ科マボヤ属
旬	夏
分布	北海道から九州の沿岸

特徴

貝のような見た目のほやだが、実は脊椎動物の一種。甘み、塩み、酸み、苦み、旨味のすべてを兼ね備えた味わいが魅力だが、鮮度が落ちると独特な風味が強くなる。

ほやの刺身

五味すべてを感じられるような味わいで、新鮮なぷりぷりの身は絶品！

ほやキムチ

誰にでも好まれそうな味。ほやに苦手意識のある人にも食べやすいかも！

魚屋流
おすすめの味わい方

コリコリ食感をいかして刺身で

宮城県で有名な夏が旬の魚介類、ほや。独特な風味を楽しみつつ、刺身とキムチでいただきました。ほやは両端の突起を切り落としてから身を割り、内臓をとり除いて水洗いします。突起の中にある身も、食べるとおいしいです。

Column 06

「おいしい」の技術

日本の魚がおいしいといわれるのは
鮮度を保たせるための技術が優れているから。いくつかご紹介します。

神経締め

包丁などで刃を入れてから血抜きをしたあと、ワイヤー状の専門器具を使って魚の中骨上部を通る神経束を破壊する方法です。死後硬直の時間を先延ばしさせます。

活き締め

釣ったあとに生け簀などで生かしておき、あとから包丁などで刺して血抜きをする方法です。鮮度の劣化を遅らせることができます。

野締め

釣り上げた魚をクーラーや生け簀などに入れて窒息死させて締める方法。大量の魚を底引き網などで獲る場合もこの方法で、時間が立つと鮮度が落ちやすくなります。

今日血抜きしたかんぱち
血抜きして10日目のかんぱち

熟成させる

さばいたあと、低温で数時間〜数日寝かせることにより、死後硬直した身をやわらかくし、適度に水分を抜けます。魚本来の旨味を引き出すことができ、鮮度のよい状態とはまた違った、まろやかな味わいを感じられます。

まぐろ（くろまぐろ）

日本人が大好きな
寿司ネタの代表！

背や目が黒いことから「真黒」と呼ばれるようになったといわれています。

\ まぐろの解体ショーは大盛り上がり！ /

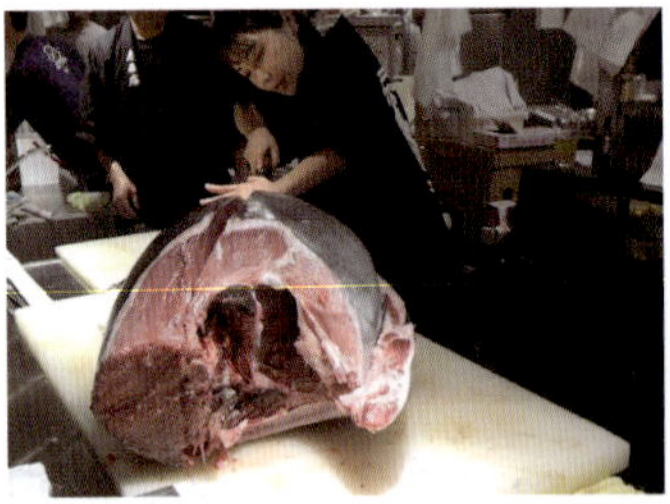

魚屋のイベントでは、ときどきまぐろの解体ショーを行います。大きな魚体はさばくのにとても力が必要です。

データ

分類	サバ科マグロ属
旬	冬
分布	日本近海

特徴

くろまぐろは別名「本まぐろ」とも呼ばれ、まぐろの中でも最高級。一尾400kg ほどもある。青森県大間のまぐろが有名。大トロはくろまぐろとみなみまぐろの2種からしかとれない。

魚屋流
おすすめの味わい方

どの部位を食べてもおいしい！

まぐろは部位によって味わいが異なります。脂ののった「トロ」は口に入れた途端にとろけるような味わい。赤身は脂が少ないものの香りがよくまぐろ本来の味を感じられます。

鮮度のよいまぐろが手に入ったらもちろん刺身や寿司で味わうのが一番ですが、頭まわりの肉を味わうのも楽しみのひとつです。目玉や頬肉は脂が強く絶品です。

また、三枚おろしにしたあと中骨に残る「中落ち」と呼ばれる部分もおいしくいただけます。皮など珍しい部位も料理してみましたのでご紹介します。

まぐろの部位

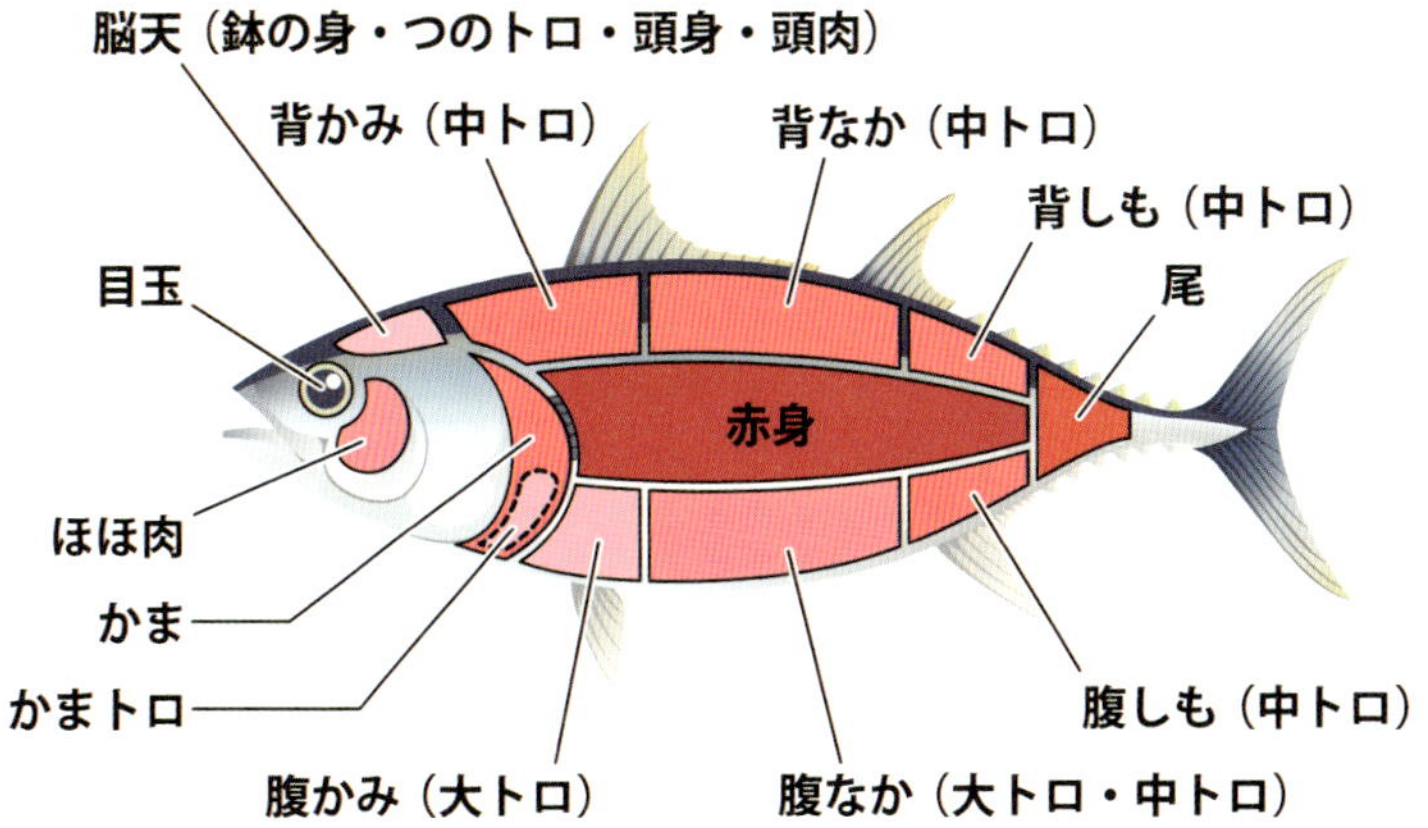
脳天（鉢の身・つのトロ・頭身・頭肉）
背かみ（中トロ）
背なか（中トロ）
背しも（中トロ）
尾
目玉
赤身
ほほ肉
かま
かまトロ
腹かみ（大トロ）
腹なか（大トロ・中トロ）
腹しも（中トロ）

まぐろの頭だけでもかなり大きい！そして身がたくさんとれるので大満足できます。

まぐろの頬ステーキ

塩こしょうで味つけし、バターとにんにくとともに焼きます。身がほろほろとして、溶けるような感じがたまりません。

まぐろの目玉の煮つけ

目玉は霜降りして臭みをとり、煮汁でことこと煮ます。コラーゲン質が多いのでとろりとした食感が最高です。

まぐろの筋のうなぎたれ炒め

刺身では食べない筋ですが、ごま油で炒めて市販のうなぎのたれで味をつけました。鳥のせせりのような食感で美味。

まぐろの皮と水菜の和物

30秒ほど熱湯で茹で、氷水で締めます。水菜とポン酢で和え、プルプルとした食感を楽しめます。

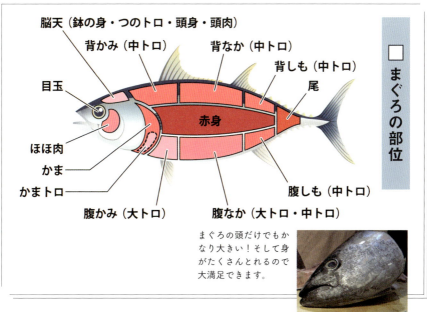

まながつお

そのおいしさ、
近年大注目の味！

骨がやわらかいので、唐揚げにすると骨まで食べられます。

データ

分類	マナガツオ科マナガツオ属
旬	夏
分布	本州中部以南、東シナ海、南シナ海、インド洋ほか

特徴

まながつおは春から夏にかけてが産卵期で、6〜7月ごろが旬とされている。鮮度がよければ刺身はもちろん、照り焼きや西京焼きなどの加熱調理をしてもおいしい。クセがなく、やわらかで上品な味わいが特徴。

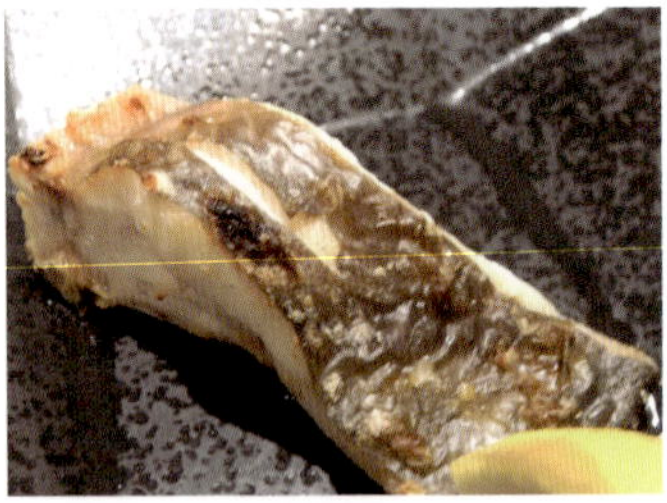

まながつおの塩焼き
腹と背では脂の量に差があり、腹のほうがジューシー。味わいも若干異なります。

まながつおのムニエル
もともと脂たっぷりなまながつおに油分をプラスしているので、身がふわっふわです！

魚屋流
おすすめの味わい方

素材の脂で仕上げる塩焼きが絶品

刺身はもちろん加熱調理にも向くまながつおは、塩焼きとムニエルでいただきます。まながつおは骨がやわらかいため、さばく際は骨まで削らないよう注意しましょう。全身が脂身のようにやわらかく、焼いてもふわふわの身質を楽しめます。

みるがい（白みるがい）

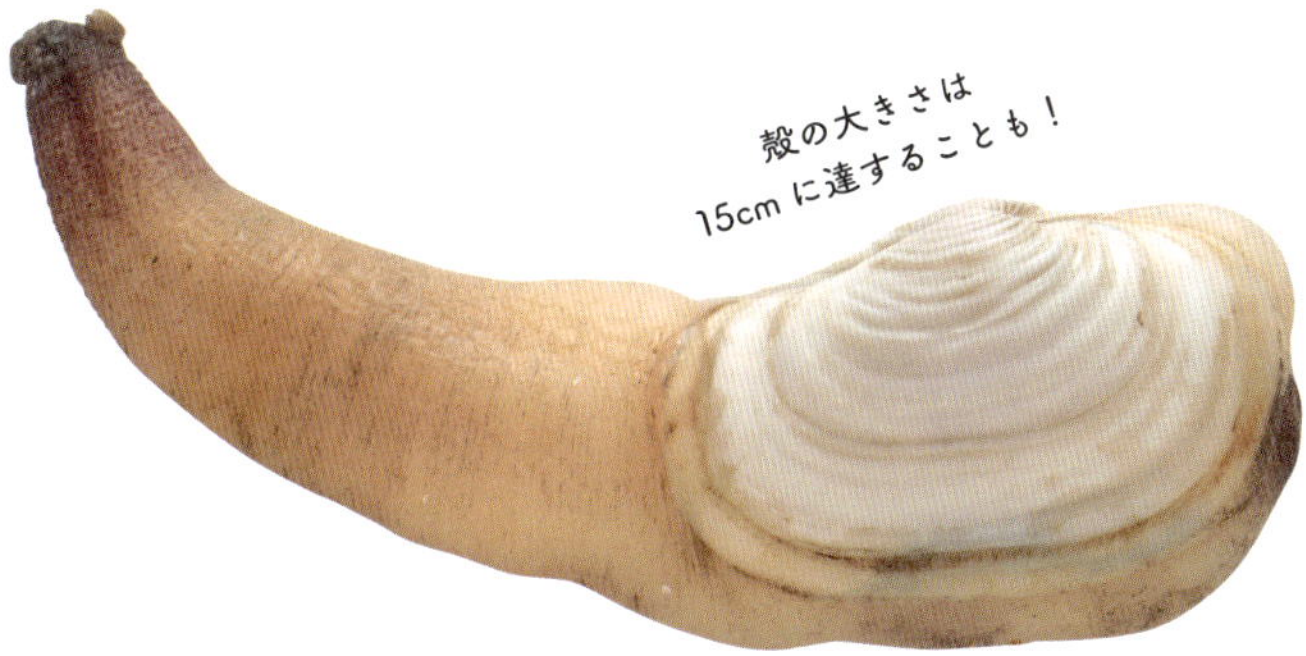
殻の大きさは
15cmに達することも！

殻からはみ出しているのは、「水管」と呼ばれる呼吸や捕食をするための器官です。

データ

分類	キヌマトイガイ科ナミガイ属
旬	春、秋
分布	山口県、愛知県、千葉県など

特徴

産卵直前の1～3月、9～10月が旬。殻から大きくはみ出している「水管」が可食部で、コリコリとした食感がある。身が大きくて厚みがあるものを選ぶとよい。

みるがいの水貝
海水と同程度の塩水に浮かべて、「水貝」に。醤油をかけなくても美味。

酸味と合うから
梅と一緒に食べても
おいしい！

魚屋流
おすすめの味わい方

食べる直前に締めて新鮮に

みるがいには、「本みるがい」と「白みるがい」がいますが、全く別の種類です。上の写真は「白みるがい」でコリコリとした独特の食感を楽しむためには刺身で食べるのがおすすめです。

殻を外して肝をとり、熱湯に入れて皮をむき、冷やしていただきます。

めぬけ（あこうだい）

飛び出た目が
愛らしい

深海に生息する魚。プリプリした食感で、どんな料理にも合います。

めぬけの煮つけ
淡泊でジューシーな身にこってりした煮汁が絡み、ごはんがほしくなる味。

データ

分類	メバル科メバル属
旬	冬
分布	本州から四国の太平洋側

特徴

水深200m以上の深海に生息。釣り上げられる際に気圧の変化で目が飛び出すことから、「目抜き」や「めぬけ」と呼ばれる。

魚屋流
おすすめの
味わい方

熟成させてから煮つけにしてみて

深海魚で身に脂がある魚なので煮つけがおいしいです。うろこ、内臓、ひれをとり、身を冷蔵庫で2〜3日熟成させて身全体に脂をまわしてからいただきました。煮つけは水を使わず日本酒で煮ることで臭みもとれ、滋味深い味わいに仕上がります。

肝も一緒に
煮つけにしました
濃厚でクリーミー！

もんごういか

とくに西日本で
人気の高いいか
モンゴウイカ

主に西日本で親しまれているいか。春〜初夏にかけてが旬。

データ

分類	コウイカ科コウイカ属
旬	春〜初夏
分布	茨城県・石川県から九州南岸までの沿岸域、瀬戸内海、東シナ海大陸棚域

特徴

春から初夏ごろのあたたかい時期が旬とされており、体表の模様がはっきりしているもの、触ったときにハリがあるものを選ぶとよい。刺身のほか天ぷらや煮物などにしても美味。

もんごういかの刺身
肉厚で甘みの強いもんごういかは、刺身のようなシンプルな食べ方がおすすめ！

白子ととんびの塩焼き
白子の塩焼きにはレモンを絞って。口ばし（とんび）もコリコリして美味。

魚屋流
おすすめの味わい方

塩もみでぬめり&臭みをオフ

めったにお目にかかれないサイズのもんごういかに出会いました。身を刺身、白子と口ばしは塩焼きに。さばくときはスミ袋を割らないように注意して。身は下処理で塩もみして、ぬめりと臭みをとってから使いました。

やりいか

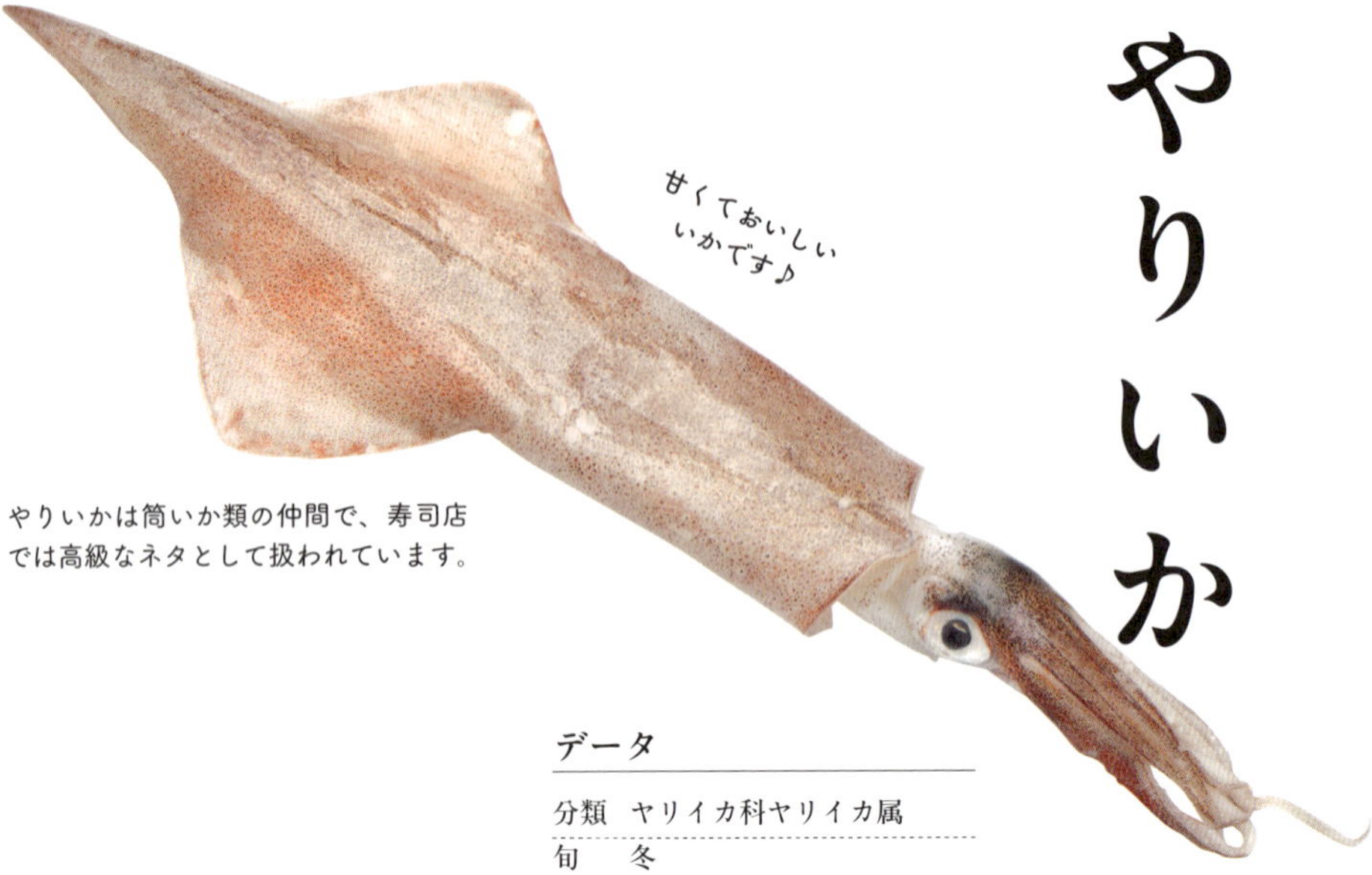

やりいかは筒いか類の仲間で、寿司店では高級なネタとして扱われています。

データ

分類	ヤリイカ科ヤリイカ属
旬	冬
分布	北海道南部以南の日本各地の沿岸

特徴

するめいかが「夏いか」と呼ばれるのに対し、やりいかは「冬いか」と呼ばれる。国産のものは、流通量が少なく高価。体表の色は獲れたてが透明で、時間の経過とともに茶色から白へと徐々に変化していく。

やりいかのゲソ唐揚げ

下味をつけ5分ほど置き、2分ほど揚げます。味がしっかり染みて美味。

やりいかの即席昆布締め

細切りにしたいかを塩昆布と和え、5分ほど休ませて完成。辛口のお酒と好相性です！

魚屋流
おすすめの味わい方

内臓とスミ袋、中骨は丁寧に処理して

10分以下で作れるやりいかのおつまみレシピを2品ご紹介。カリッとした食感がやみつきになるゲソ唐揚げと、塩昆布で和えるだけの即席昆布締めです。やりいかは耳と目が上を向くように置いて内臓を引き抜き、スミ袋を割らないよう慎重に処理しましょう。

わかさぎ

実は水質悪化にも
強い丈夫な魚

カルシウムの含有量が魚の中でもトップクラスに多いんです。

データ

分類	キュウリウオ科ワカサギ属
旬	冬
分布	島根県、利根川以北の本州、北海道

特徴

わかさぎは１尾あたり100mgものカルシウムが含まれており、鉄分も豊富。そのうえ低カロリーと、栄養面で非常に優れた魚。傷むのが早いため、表面につやがある新鮮なものを選ぶとよい。

わかさぎの素揚げ
揚げたて熱々のうちにいただくのが美味！　しっかり塩を振るとおいしい。

わかさぎバーガー
素揚げしたわかさぎをパンで挟み、甘辛だれで味つけ。香ばしくて最高！

魚屋流
おすすめの味わい方

獲れたてをきれいな油で揚げる！

氷上釣りしたわかさぎで「わかさぎバーガー」を作ってみました。揚げたてのわかさぎは身がふわふわでとっても美味。バーガーにする前に塩を振って唐揚げとして食べれば、二度楽しめるのでおすすめです。

わたりがに

わたりがにはオスとメスで違った味わいを楽しむことができます。

わたりがにのフライ
～ヤンニョムソース添え～
身がたっぷりで、まるで魚屋のフライドチキン！　下味もよく染みていて絶品。

わたりがに煮
わたりがにをざらめ、醤油、酒で煮たシンプルながら豪快な料理。出汁が濃く、残った汁はそうめんにして食べてもおいしい。

データ

分類	ワタリガニ（ガザミ）科ガザミ属
旬	夏
分布	北海道南部以南。とくに東京湾以南の内湾部

特徴

オスとメスで旬の時期が異なるため、通年楽しむことができる。味わいはオスのほうが旨味が強い。産卵前のメスは内子を持っていて、これもまた美味。ほかのかににくらべて脚の身は少ない。

魚屋流
おすすめの味わい方

絶品出汁を上手に活用して

わたりがには、おなか側にある「ふんどし」、甲羅の順で外し、えらを取って処理します。わたりがに丸ごとをねぎや調味料と豪快に煮た漁師料理は絶品です。また、足はフライにするとパーティのひと品として最適です。

Column 07

まぐろの種類

比較的お手頃で手に入るまぐろたち。特徴や味を理解して調理すると、
おいしさをしっかりと感じられますよ。

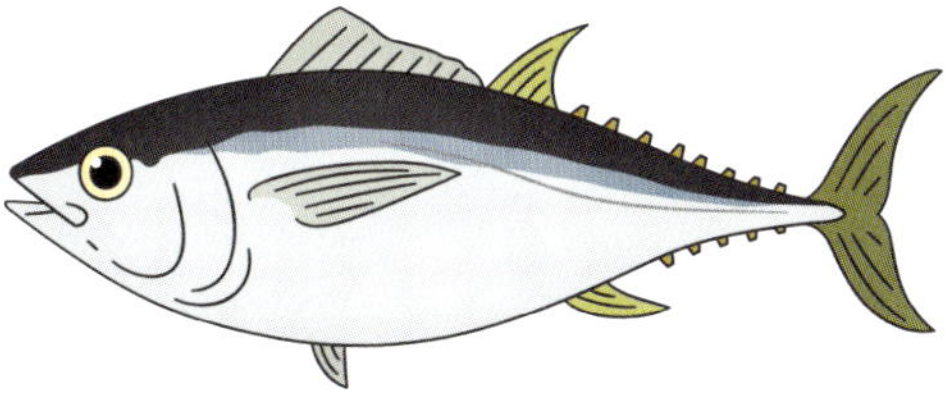

めばちまぐろ

目が大きいのが特徴。トロの部分は少なめですが、赤身がおいしく、あっさりとした味わい。刺身以外に焼き物にもおすすめ。旬は秋～冬。

きはだまぐろ

まぐろの中ではやや小さめ。春から初夏が旬で、脂肪が少なくあっさりとした上品な味わい。ソテーなど焼き物に向きます。関西でよく食べられます。

びんちょうまぐろ

旬の冬には脂がのり、やわらかい身質を楽しめます。ツナ缶の原料としてもおなじみ。「ビントロ」として、回転寿司でも人気のネタです。

冷凍まぐろを買うときは…

おいしく食べるために
知っておきましょう！

スーパーには冷凍品が多く売られていますが、解凍するときにはペーパーで包んで表面の水分をとり、解凍後は早めに食べましょう。また、解凍品を再冷凍するのはダメ。劣化し味が悪くなります。

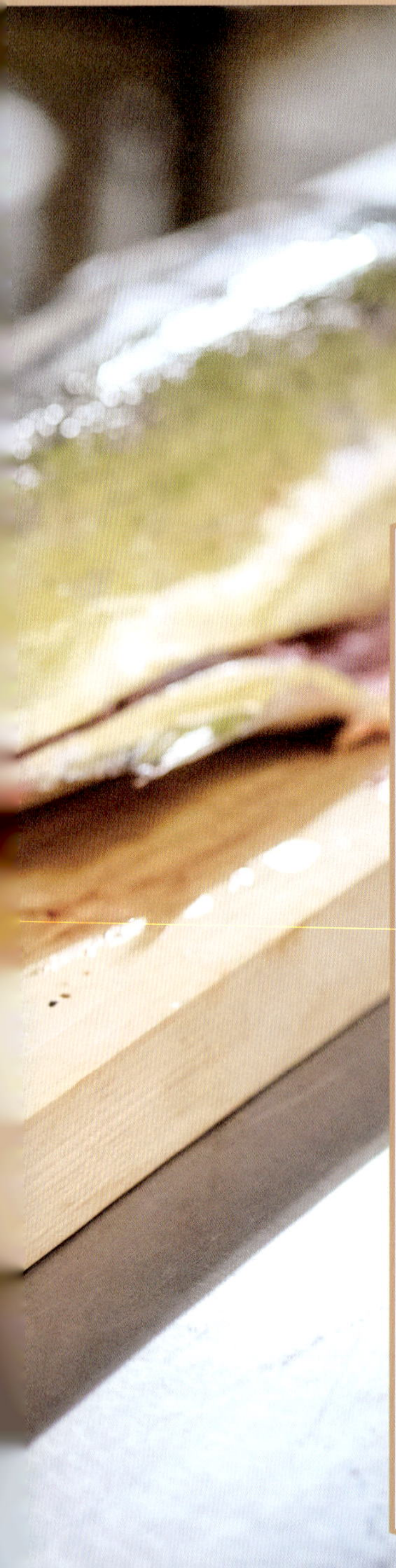

第3章

一度は食べてみたい！珍しい魚と味わい方

魚屋には毎日さまざまな魚がやってきますが、市場に珍しく出ていたり、釣人からいただいたりなどで出会えた入手困難な魚たちをご紹介。魚の特徴とともに食べ方をぜひ楽しんでみてください。

あぶらぼうず

釣人からいただきました！
一番大きなものは20kg

深海に棲む魚で、体長は最大で2m 近くにも成長します。

データ

分類	ギンダラ科アブラボウズ属
旬	秋〜春
分布	北日本の太平洋岸。ベーリング海、中部カリフォルニア

特徴

あぶらぼうずは名前の通り脂が多い魚で、深海魚であるにもかかわらず浮袋を持たない珍しい性質を持っている。販売禁止の「あぶらそこむつ」と混同されがちだが、あぶらぼうすは非常においしい魚種。

あぶらぼうずの焼き、しゃぶしゃぶ
脂を持った身はしゃぶしゃぶで脂の量を調節すると食べやすいです。

あぶらぼうずの煮つけ
程よく照りのついた煮つけは、もとの身質も相まってトロットロ！

魚屋流
おすすめの味わい方

肉と見紛うたっぷりの脂をいかして

あぶらぼうずは、その名の通り全身大トロともいわれるほどの脂の多さが特徴です。こってりした身は刺身でももちろん、しゃぶしゃぶにしても美味。生食の際は寄生虫のアニサキスに注意しましょう。

いたちうお

骨がかたくて
さばくの大変でしたよ！

下あごのあたりに生えたひげや尻尾までひと繋がりになった背びれなど、ビジュアルが特徴的。

データ

分類	アシロ科イタチウオ属
旬	秋〜冬
分布	千葉県以南の太平洋側、新潟県以南の日本海岸

特徴

秋から冬までが旬の魚。個体の大小を問わず上品な味わいがあるが、小型のものはより淡泊で、味がしない魚という説もある。昆布締めにすると旨味がいきて、酒のアテにもぴったり。

いたちうおの昆布締め
たらの刺身と似た食感。昆布の旨味を吸った身は、ポン酢との相性◎！

いたちうおのフライ
スティック状のフライにしました。身はふわふわでおつまみに最適です。

魚屋流
おすすめの味わい方

淡泊な身は昆布締め&ポン酢が◎

いたちうおは大衆魚ではないため、市場ではあまり見かけることのない魚です。うろこは小さく、ぬめりが体を守っています。たらやひらめに近い身質で、水分をとって昆布締めにすると美味。わさびを添えていただきました。

えびすだい

えびすだいは肉食の魚で、背びれや尻びれにかたいトゲがあります。

データ

分類	イットウダイ科エビスダイ属
旬	※あまりとれない魚なので定説はない
分布	本州の中部以南、ほか

特徴

うろこが大きくかたいため、「グソクダイ」や「ヨロイダイ」などという別名がある。脂ののりがよく、甘みのある味わいが特徴。大型の個体は高級魚として扱われることも。

魚屋流

おすすめの味わい方

かた〜いうろこは地道に処理が一番◎

えびすだいは流通量がごくわずかな超レア品種。漁獲量が少ないことから旬すら不明。ガラス質のうろこは、だいこんをすりおろせるほどかたいため、素手で処理しないよう注意。刺身はもちろん、内臓もおいしくいただけます。

えびすだいの内臓の酢みそ和え

内臓に脂がのっていて、コリコリとホルモンのようなおいしさを感じられます。

えびすだいの皮霜造り

身は繊維質で、すこしかため。皮の近くに脂があり、甘みがあっておいしい。

おじさん

こんなおじさん いるよね！

漢字では「老翁」と書き、下あごのあたりにひげがある見た目が老人のようであることからこの名前がつきました。

データ

分類　ヒメジ科ウミヒゴイ属
旬　　冬～初夏
分布　駿河湾以南、ほか

特徴

海域により体色に差があるが、概ね赤っぽい色をしている。味わいにクセのない白身魚で、肉質はやわらかい。うろこは大きいが薄く、皮付きの霜造りや刺身など、生食におすすめ。

おじさんの刺身
皮目を炙ると脂が出てきて香ばしく甘い味わいに。寝かせることで臭みもとれます。

おじさんのマース煮
軽く霜降りをしてから煮ます。もとの味わいが濃い魚のため、酒にもよく合います。

魚屋流
おすすめの味わい方

寝かせ＆炙りで旨味を引き出す

生食が得意なおじさんはシンプルに刺身でいただくほか、骨から出る出汁を使って、沖縄の郷土料理マース煮にしました。刺身は下処理後、2日ほど寝かせると旨味が凝縮。皮目の脂が美味なので、炙ると味わいがアップします。

かじき（めかじき）

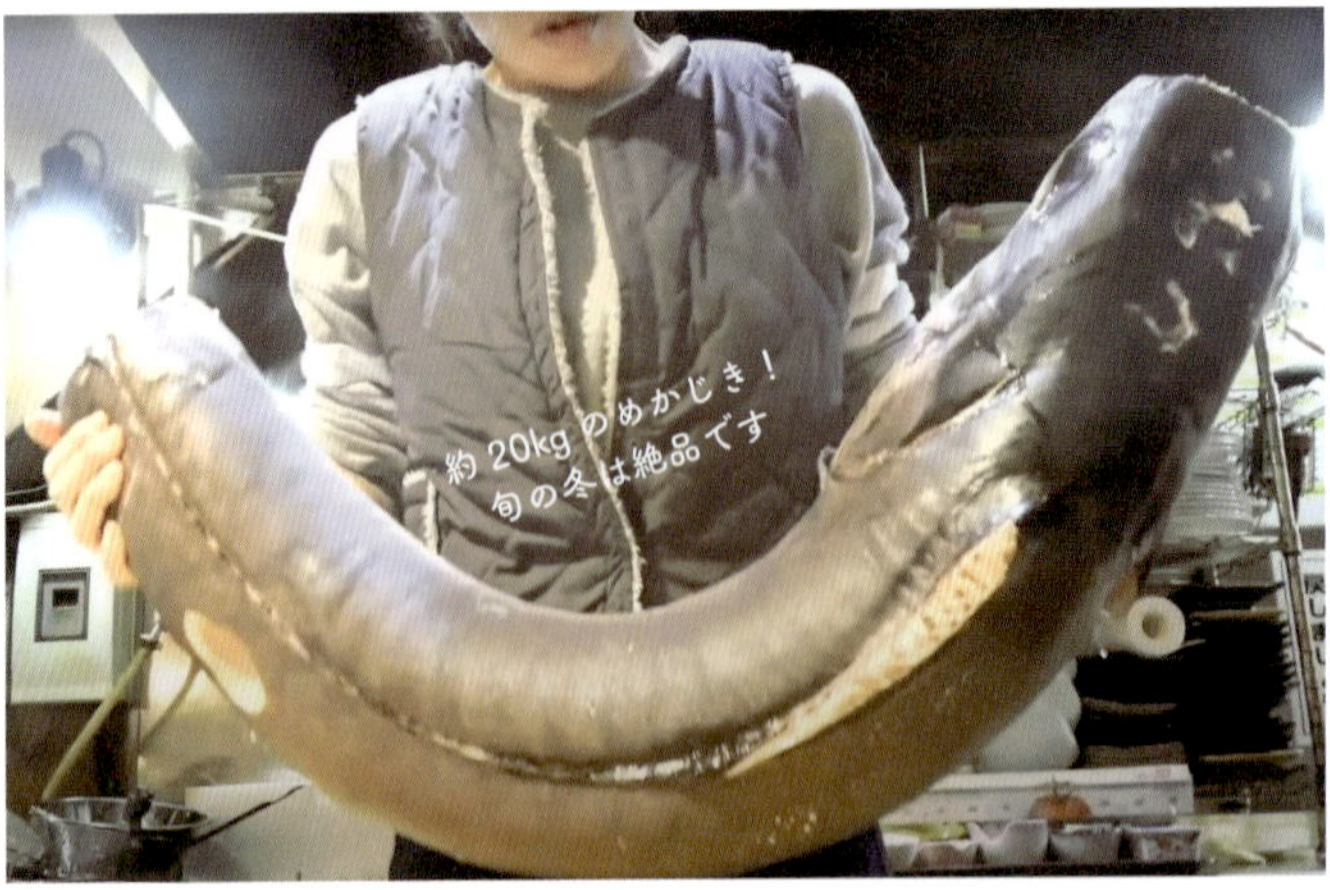

「かじきまぐろ」ともいいます。

データ

分類	メカジキ科メカジキ属
旬	秋〜冬
分布	北海道以南の各地

特徴

槍のように長くのびた上アゴが特徴的。目が大きいことから「めかじき」と呼ばれる。体色は全体に黒く、腹部は淡色。全長は4mほどになる。

魚屋流
おすすめの味わい方

和洋を問わず、どんな料理にも合う

めかじきを使って、角煮と串焼きを作りました。めかじきは骨がやわらかいため、三枚おろしにするときは、骨に包丁が入らないように注意が必要です。脂ののりもよく、刺身のほか、焼いても煮つけてもおいしいです。

かじきの角煮
ざらめを入れるとコクが出るのでおすすめ。おにぎりの具にしてもおいしい！

かじきの串焼き
しっかり火を通すと身がふんわり。バターとオリーブオイルの香りもいいです。

かすりはた

体長１ｍのものは
取引価格100万円ほど!?

大きな斑点模様が特徴。主な生息地は熱帯域の浅い海で、日本ではあまり獲れません。

データ

分類	ハタ科アカハタ属
旬	不明
分布	和歌山県以南、インド洋、太平洋

特徴

大きなものでは体長およそ2m、重さ100kg近くにまで成長する。斑点模様がじゃがいものように見えるため、英名は「ポテトコッド」という。

かすりはたの刺身
旨味や甘み、脂のねっとりした食感は、ポン酢で食べるとよりわかりやすいです。

かすりはたのしゃぶしゃぶ
味も脂も濃いので、しゃぶしゃぶにするなら薄切りでもかなりの満足感。

魚屋流
おすすめの味わい方

脂身は出汁まで活用すべし！

激レア&激ウマなかすりはたは、一匹あたりのお値段もハイクラス。うろこが身に食い込んでいるため、すき引きで処理します。濃厚な旨味のある脂身は出汁をとっても美味。刺身は厚切り、しゃぶしゃぶは薄切りがおすすめです。

くえ

調理によってはえらや腸も食べれちゃう！

皮にはゼラチン質が多く含まれており、鍋や煮つけにすると美味。

山口県下関の天然くえに出会いました！

データ

分類	ハタ科アカハタ属
旬	冬〜初夏
分布	関東以南の太平洋沿岸から東シナ海沿岸

特徴

くえはときに「魚の王様」とも表現される高級魚で、脂のりがよく非常に旨味が強い魚。刺身や寿司のほか、煮つけや「くえ鍋」では特徴的な皮の食感を楽しむことができる。

魚屋流 おすすめの味わい方

値段は高い。でも、食べたい！

高級魚として知られるくえをぜい沢に丸ごと使って調理しました。名付けて「くえを食えの会」。身は刺身や寿司、くえ鍋にしました。あっさりとしたなかにも旨味を感じられます。

また、くえは肝や胃袋を食べることができます。さらに腸は脂が多く炙るととろっとして美味。また、くえといえばコラーゲン質の皮も特徴的。皮を使って煮凝りを作ると、プルンとした食感と上品な味わいが絶品です。

くえ鍋で残った汁は出汁がしっかり残っているので、お茶漬けにするのもおすすめです。

くえの昆布締め
身を昆布締めにしてから焼きと炙りに。炙りにかぼすを絞ると旨味が酸味で引き締まります。

くえのひれ酒
濃い旨味が酒に加わり絶品。ふぐのひれ酒よりも濃厚かも！

くえ鍋
くえの身、ひれの根本、牙を鍋に。ポン酢ともみじおろしを入れました。出汁に脂が染みて身がとろりとします。

くえの煮つけ
身にしっかりと歯ごたえがあり、マシュマロのような食感を楽しめます。目玉も煮つけにするのがおすすめ。

くえのうろこ揚げ
くえの皮を揚げてパリパリに。食感もサクッとして香ばしくおいしい。

くえの寿司
身が真っ白で美しい仕上がり。クセがなく旨味を感じられます。

くえ皮のポン酢
脂ののった皮を茹でてポン酢と和えました。ぷるっとした食感がたまらないです。

クジラ（ニタリクジラ）

高たんぱく、低カロリーで
ダイエットにぴったり！

冷凍物を取り寄せるときには解凍をしっかりと行いましょう。

データ

分類　ナガスクジラ科ナガスクジラ属 ※哺乳類

旬　冬

分布　南半球海洋

私の一番好きな
海の生き物です♪

特徴

食用の鯨肉は、「ミンククジラ」や「ニタリクジラ」「イワシクジラ」が主流。まぐろや牛肉のような食感がある。希少な部位が手に入ることもあり、部位によっての味わいを楽しむことができる。

魚屋流
おすすめの味わい方

解凍方法で味が変わるので注意

クジラの身をネットで取り寄せた場合、解凍と保管に注意しましょう。小分けのブロックに切り分けてからキッチンペーパーで包み、密閉袋に入れて冷蔵庫に置いて解凍します。ドリップがでたらペーパーを替え、約1週間保管できます。ドリップが出ると臭みが出て肉がかたくなるので注意しましょう。

クジラの魅力は生食。刺身で食べてとろりとした食感をぜひ味わってみてください。また、クジラは皮や心臓も食べることができます。皮はほぼ脂でおでんにおすすめ。心臓は串焼きでレバーのような食感を楽しめます。

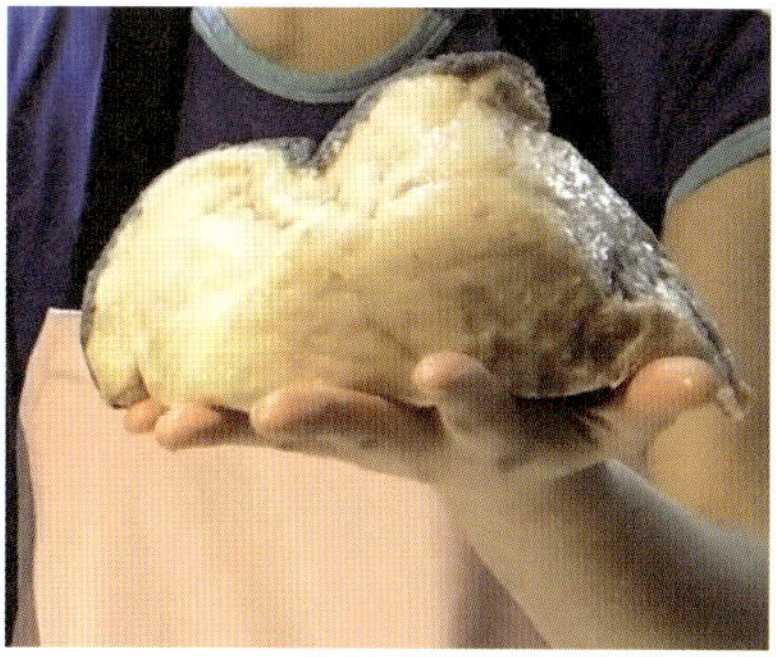

■クジラのさえずり（ニタリクジラ）

さえずりのベーコン
舌の部分で、脂がのっています。1週間塩水につけて血抜きしてボイル。クジラベーコンは口の中でとろけます。

■クジラの赤肉（ミンククジラ）

クジラのユッケ
薄切りにしたクジラを、にんにくやごま油などのたれで漬け込みます。とてもやわらかくて美味。

クジラのレアステーキ
やや厚めにカットした肉を強火で一気に焼きます。だいこんおろしといただくとさっぱり。

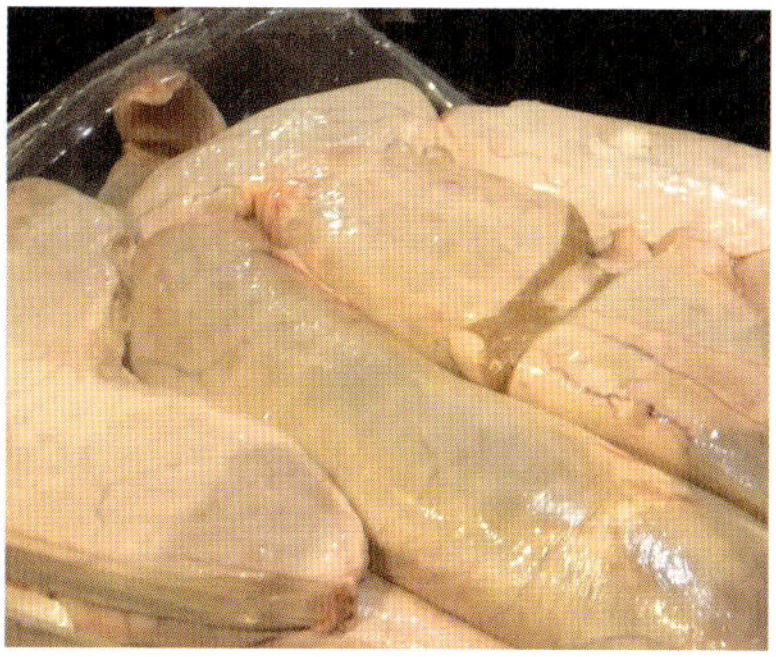

■クジラの睾丸（ミンククジラ）

クジラの睾丸の刺身
皮をとって刺身で食べることができます。ごま油、塩、レモン汁をつけて食べるのがおすすめ。とろとろです。

■クジラの尾の身（ニタリクジラ）

尾の身のすき焼き
脂が入っていて刺身でもおいしいですが、すき焼きに。3秒ほど湯に通すだけでとろ～りとして絶品。

さめがれい

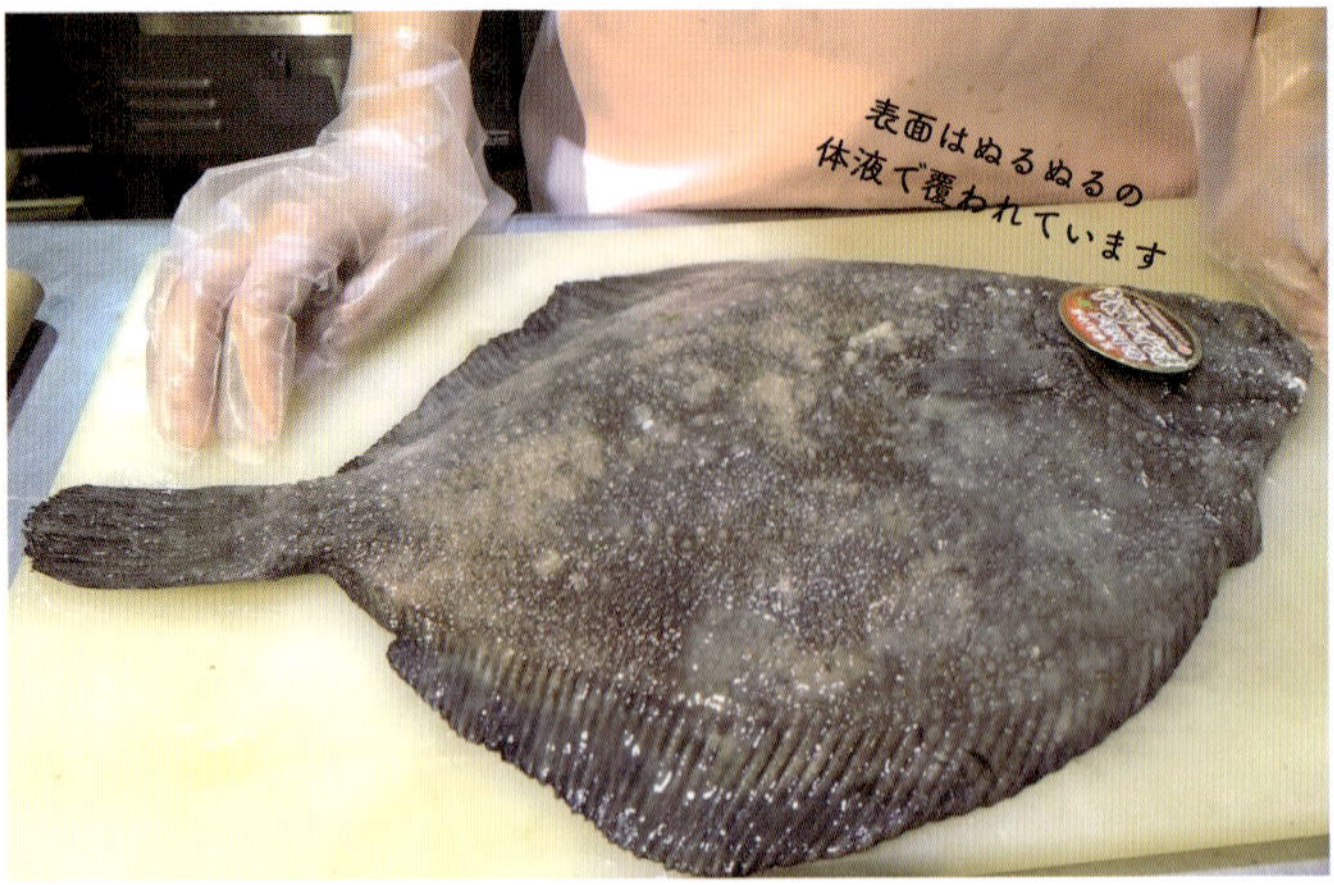

体表の突起がサメ肌に似ていたことから、この名前がついたとされています。

データ

分類	カレイ科サメガレイ属
旬	夏〜秋
分布	日本各地、東シナ海

特徴

春から初夏にかけて、主に東北地方で親しまれているさめがれい。「あぶらがれい」という別名を持つほど脂ののりがよく、味のよさにも定評がある。脂の多さは個体の大きさに比例する。

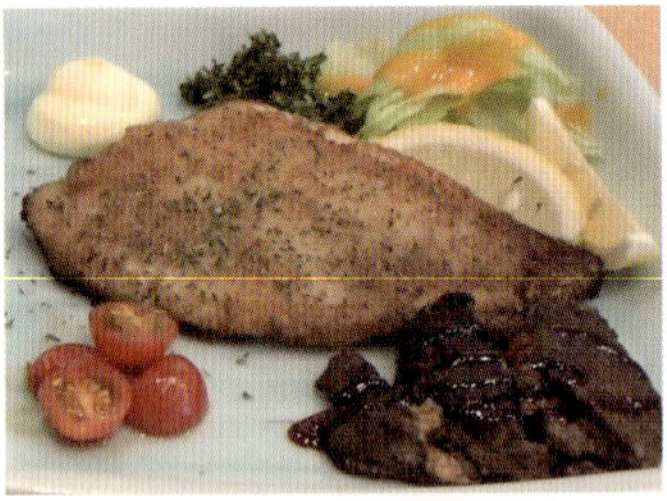

さめがれいのムニエルと肝
えんがわ付きのムニエルは、パリッとしつつプリプリでぜい沢なお味！

さめがれいの刺身
さめがれいならではのさっぱりした食感に脂のコクが加わって美味。ポン酢が合います。

魚屋流
おすすめの味わい方

皮までおいしくいただける

値段のわりに味がよいと評判なのが、さめがれい。うろこはなく、突起でざらついた体表は粘膜で覆われています。皮は処理してしまうことも多いですが、実は焼くと香ばしくて美味。刺身とムニエルにしていただいてみました。

しゅもくざめ（ハンマーヘッドシャーク）

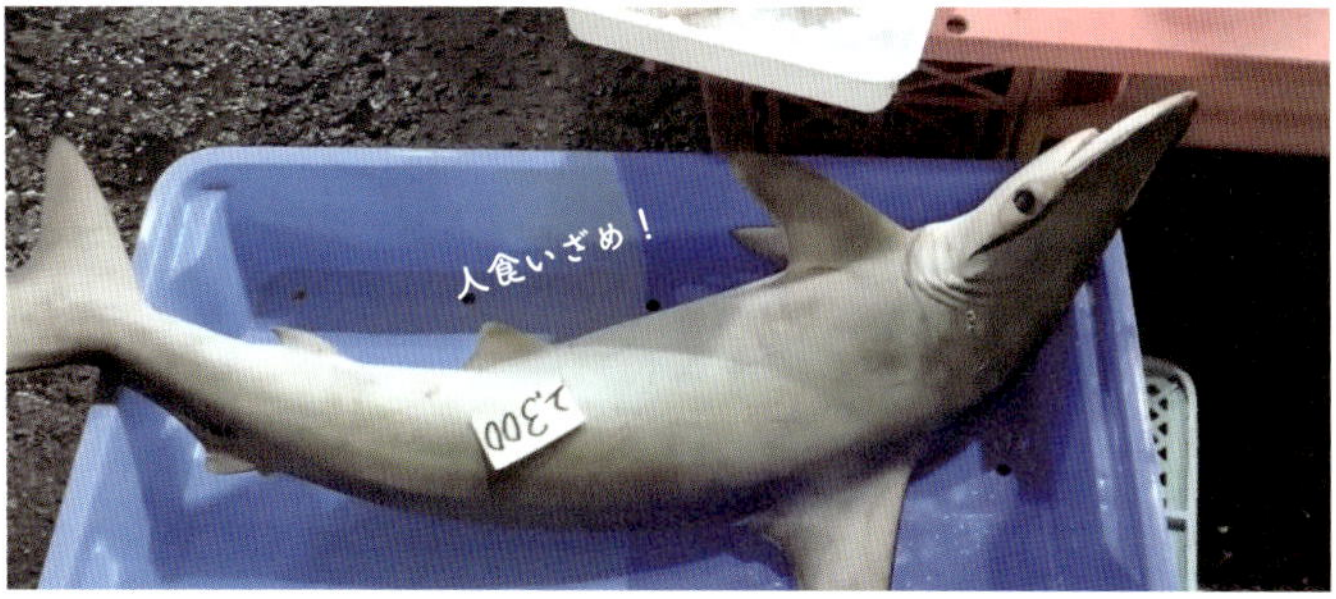

体長4mを超えるほどの大型さめ。小型（1.5m程度以下）であれば、人を襲うことはほとんどありません。

データ

分類	シュモクザメ科シュモクザメ属
旬	冬
分布	全世界の温帯～熱帯域

特徴

Ｔ字型の形状から金槌頭をあらわす「ハンマーヘッド」が由来。日本ではかねを叩くＴ字型の道具の撞木（しゅもく）に似ているため「しゅもくざめ」とも呼ばれる。

魚屋流 おすすめの味わい方

出会えたら ぜひ、フライに！

皮がとてもかたいので大名おろしでさばきました。さばいたら、胃の中からあなごが出てきてびっくり。刺身や漬けで食べるとおいしいですが、炙るとかたくなるため向いていません。フライなどの揚げ物にすると身がふわっとしておいしく食べられます。

しゅもくざめのフライ
醤油だれに漬けてから衣をつけてフライに。揚げたては身がふわふわ。

しゅもくざめの漬け
身を短冊のように切って酒、醤油、にんにく、ごま油に漬け込みます。

ちょうざめ

数億年前から生き残ってきた古代魚の一種で、淡水に生息しています。

データ

分類	チョウザメ科チョウザメ属
旬	春、秋
分布	東北以北、北太平洋、日本海

特徴

およそ3億年前から存在している古代魚で、当時の姿からほとんど進化していない。淡水で生息している点や、歯がなくエサを丸呑みしている点など、一般的なさめとは異なる部分が多い。

魚屋流
おすすめの味わい方

頭も内臓も、捨てるとこなし！

ちょうざめは愛知・豊根村で養殖が行われており、村民の10倍近い数の稚魚を育てています。メスはキャビアを持つまで10年ほどかかるため、オスを食べることが多いんです。漬け丼と、軟骨は唐揚げにしていただきました。

ちょうざめの漬け丼
すりごまによって、ちょうざめの旨味が引き立ちます。卵黄でコクもプラス！

ちょうざめの軟骨の唐揚げ
揚げ時間1～2分ほどでサクッと食感がおいしい唐揚げになります。

ちょうせんばかま

危険を察知すると、浮袋から「グーグー」と音を鳴らす魚です。

データ

分類	チョウセンバカマ科チョウセンバカマ属
旬	春～夏
分布	本州中部以南～南シナ海

特徴

地方によっては「とげながいさき」とも呼ばれ、いさきに似た鶏肉のような味わいがある。加熱すると身にふわっと弾力が出るほか、アラからいい出汁が出るため鍋などにも向いている。

魚屋流
おすすめの味わい方

脂のりがよく上品な身は、刺身が絶品

単独で行動するため、まとまった水揚げがなく、レア度が高いちょうせんばかま。市場でもほぼ見かけることがないんです。たいのような美しい白身で、脂のりがよく刺身は絶品です。寿司でいただくのもおすすめですよ。

ちょうせんばかまの刺身
脂ののりがよく、良質な天然のたいを思わせる上品な味わいを感じられます。

ちょうせんばかまの握り
ポン酢をつけていただきました。日本酒との相性がとてもいいです。

どうまんがに

獰猛な性質で、巨大な爪は貝の殻を割れるほど力が強いんです。

データ

分類	ワタリガニ（ガザミ）科トゲノコギリガザミ属
旬	秋
分布	房総半島以南

特徴

浜名湖全域、とくに北部の庄内湾などでよく獲れる。5〜12月までの長期間にわたって楽しむことができる。秋から冬にかけて卵を持つため、この時期はメスがおいしいとされている。

どうまんがにのパスタ
身を具材に、かにみそでソースを作ったぜい沢なパスタ。香りから絶品な一皿に。

魚屋流
おすすめの味わい方

とにかくはさみに要注意！

「幻のかに」との呼び声も高い超高級などうまんがに。はさみの力が強く、ひとたび挟まれると人間の骨まで達すると言われるほど。締めるのは危険なので、そのまま塩を入れた湯で30秒ほど茹でました。パスタで上品にいただきます。

自慢のはさみの
中の身はプルプル！

とびはた

ハタ科の高級魚でなかなか市場でも出まわらない。うろこがかたくて、ガサガサとした触り心地。

データ

分類	ハタ科トビハタ属
旬	夏～冬
分布	南日本から中国にかけての沿岸

特徴

体長は50cm を超えるほど。鳶（とんび）色のハタというのが由来。うろこはかたいがつるりとむきやすく、むいた部分は脂が多い。

とびはたの刺身
身はねっとりし、数日熟成させたのではないかと思うほど。歯ごたえも感じます。

とびはたの清蒸魚（チンジョンユー）
身離れがよく、とろっとろの食感。香味野菜やごま油の香りとよく合います。

魚屋流
おすすめの味わい方

蒸し料理にすると身がトロトロに

大きな魚なので、刺身と蒸し料理に。刺身にすると、身にとても甘さがあり、ねっとりとした食感です。中華料理の清蒸魚（チンジョンユー）に。身に下味をつけて蒸し、ねぎとしょうがをのせて、熱した油をジュワ～ッとかけていただきます。

はっかく（とくびれ）

ワニみたいな高級魚!?

刺身で残った皮は素揚げにして塩をかけて食べるのがおすすめです。

データ

分類	トクビレ科トクビレ属
旬	冬
分布	兵庫県・福島県以北。朝鮮半島日本海側、オホーツク海

特徴

輪切りにしたときの断面が八角形なのではっかくと呼ばれる。また、大きなひれを持つ魚なので「とくびれ」とも呼ばれる。深海魚で、うろこはとてもかたく、身には脂が多め。

はっかくのお造り
もみじおろしとポン酢でいただきました。コリッとした食感で臭みはありません。

はっかくの甘みそ焼き
身に甘みがあってホロッとしています。甘みそと脂が絡んで絶品。

魚屋流 おすすめの味わい方

脂が多めでコリコリの食感

はっかくはまずお造りに。背側から包丁を入れて大名おろしでさばきます。通常の三枚おろしにくらべて骨に身が多く残るため、ぜい沢なおろし方とされています。脂が多めなので、甘みそ焼きにすると、甘さと脂が混ざり合い、こってりクリーミーな味わいに。

まんぼうの腸

まんぼうの可食部の中でも珍しい腸。
出会えたらラッキーです。

コリッとやわらかい食感で、ごはんが進みます！

まんぼうの腸の焼き肉
すりおろした玉ねぎとにんにく、焼き肉のたれで和えたものを焼きます。

魚屋流
おすすめの味わい方

まるで焼き肉を食べているような……

まんぼうは漁獲量も少なく、あまり食用として流通していません。市場に出まわることも少ない魚です。身も刺身などで食べることができますが、貴重な腸が入手できたらぜひホルモンのように焼べていただきたいです。まんぼうの腸は魚としてはとても長いのが特徴的。すりおろしたにんにくを効かせて焼き肉のようにいただくと、とてもおいしいですよ。

珍しい部位
ぜひ食べてみて
ほしいです！

Column 08

知っておきたい魚用語

魚を選ぶときやさばくとき、味わうときによく使う言葉を集めました。
正しい意味をしっかりと知っておきましょう。

□ 脂のり

魚が体の中に脂肪を蓄えた状態。産卵前など旬の時期はとくに脂がのり、とろりとなめらかな食感があります。

□ アラ

魚をさばいたときに出る頭、中骨、えら、内臓などのこと。魚によっては可食部があったり出汁がでるなどするため、ぶりだいこんや潮汁などの料理に使われることもあります。

□ かぶと割り

魚の頭を半分に割ること。魚の口を上にしてまな板に立てるように置くと切りやすい。「なし割」とも呼ばれます。

□ 砂抜き

あさりなどの貝類は、砂の中で呼吸をするため、砂が中に入っているので調理前に「砂抜き」の処理をします。海水と同じ3%濃度の塩水に浸し、2～3時間ほど冷暗所におきます。

□ アニサキス

魚介類に寄生する寄生虫。さばやまぐろなど大型の魚にいることが多く、体長は2～3cm。よく見ると目視でも確認ができます。生魚を食べて胃アニサキス症になると、腹部に激しい痛みや嘔吐などの症状があらわれます。

□ 中骨

魚の中央に縦にある大きな骨のこと。魚を三枚おろしにする場合は、中骨と上身、下身の3つに分けます。

おいしい魚に出会えるチャンス！

寿商店オンラインショップ

魚屋が胸をはっておすすめする魚介やこだわって作った商品をご紹介しています。
詳しくはホームページを御覧ください。

https://shop.s-kotobuki.co.jp/

魚屋こだわりの干物詰合せセット

おいしく質のよい魚を使った干物。冷凍ストックしておくと重宝します。また贈り物にするのもおすすめです。

お任せ鮮魚BOX

名古屋の魚屋・寿商店が朝仕入れた新鮮なお魚をそのままご自宅へお届け。食べやすいように下処理されています。中身は季節や仕入れにより変わるので開けてからの楽しみ。

お魚はんぺん

いとよりだい、でん粉、塩のみを使った体にやさしいはぺん。離乳食をはじめ、大人のおつまみにも最適です。

家の近くに魚屋がない！
そんなときはお取り寄せを
活用してみてください

※具体的な価格や内容は変動する可能性があるため、ホームページをご確認ください。

Profile

著者

森　朝奈（もり・あさな）

Asana Mori

愛知県名古屋市出身。早稲田大学国際教養学部卒業後、楽天(現・楽天グループ)へ入社。その後、父親が創業した、鮮度抜群の魚介が地元で評判の「寿商店」に24歳で入社する。現在は常務取締役として、市場での仕入れから下処理・加工、取引先への卸し、飲食店の経営に奔走。魚好きが集える場所としてのYouTubeチャンネル「魚屋の森さん」などのSNSや、ファミリーサロンの運営を行い、魚食と水産業のファン拡大に努める。好きな海の生き物はクジラで、入社後につくった寿商店ロゴのモチーフに使用。好きな見た目の魚は金目鯛、味は太刀魚。著書に『共感ベース思考　IT企業をやめて魚屋さんになった私の商いの心得』（KADOKAWA）がある。

YouTube：魚屋の森さん

X:@asana1220

Instagram：@asanamori

寿商店HP：https://s-kotobuki.co.jp/

魚を味わう

魚屋さんが教える
魚の魅力と美味しい食べ方

2024年10月20日　初版第1刷発行

■著　者　森朝奈

■発行者　角竹輝紀

■発行所　株式会社マイナビ出版

〒101-0003

東京都千代田区一ツ橋2-6-3　一ツ橋ビル 2F

☎0480-38-6872（注文専用ダイヤル）

☎03-3556-2731（販売部）

☎03-3556-2738（編集部）

E-Mail pc-books@mynavi.jp（質問用）

URL https://book.mynavi.jp/

■印刷・製本　シナノ印刷株式会社

Staff

カバー・本文デザイン
小椋由佳

本文デザイン
相原真理子

DTP
アーティザンカンパニー株式会社

編集制作
バブーン株式会社（古里文香、相澤美沙音）

撮影
福田諭

料理制作
森朝奈

イラスト
内山弘隆

写真協力
PIXTA

ISBN978-4-8399-8581-3

Printed in Japan